探して押して集めて眺めて

駅スタンプの世界

坪内 政美

旅鉄 BOOKS PLUS
イカロス出版

どつぼ直伝！駅スタンプ入門編

- その一 駅スタンプは生き物だ ……004
- その二 駅スタンプの探し方 ……005
- その三 "どつぼ"流 駅スタンプの押し方講座 ……006
- その四 "どつぼ"流 駅スタンプ収集の七つの道具 ……008
- その五 駅スタンプの色々 ……009
- その六 駅スタンプを押す旅に出よう ……010
- その七 駅スタンプを自作して寄贈する!? ……016

駅スタンプ図鑑 北海道 ……021

駅スタンプColumn
押されれば押されるほどゴム版はすり減り、いずれは引退の道を辿る ……036

駅スタンプ図鑑 東北 ……037

駅スタンプColumn
駅スタンプよ何処へ……坪尻駅スタンプの不思議な失踪劇 ……054

駅スタンプ図鑑 関東・甲信越 ……055

駅スタンプColumn	ご当地入場券でみつけた幻の小幌駅スタンプ はたしてその正体は!? …………	072
駅スタンプ図鑑	**東海・北陸**	073
駅スタンプColumn	平成の終わりに一瞬輝いた駅スタンプ物語 …………	088
駅スタンプ図鑑	**近畿**	089
駅スタンプColumn	現役、再利用、放置と740個の末路を追って、嗚呼、「わたしの旅」スタンプ机 …………	104
駅スタンプ図鑑	**中国**	105
駅スタンプColumn	コロナウイルスは駅スタンプの敵でもあった	120
駅スタンプ図鑑	**四国**	121
駅スタンプColumn	駅スタンプだけでない!魅惑の乗車記念スタンプ	132
駅スタンプ図鑑	**九州**	133
あとがき …………		156

＊本書で紹介している駅スタンプは、押印年月日時点で確認されたものです。現在は設置されていない可能性もありますのでご了承ください。

＊「常設」は駅に常設されていたもの、「窓口」は駅係員などに声をかけて出してもらったもの、「店内」は店にあるものです。

どつぼ直伝！駅スタンプ収集入門編

全国には4〜5000個はあるともいわれている駅スタンプ。古から収集癖がある日本人とって、これほど奥の深い収集アイテムはない。ここでは魅惑の駅スタンプ収集の基本知識と、ドハマりした"どつぼ"流のスタンプライフを紹介！

その一　駅スタンプは生き物だ

　訪れてくれた人々にわが身を削りながら、その証を残してくれる駅スタンプ。その運命は様々で、ボロボロになろうとも末永く大切にしてもらっているものもあれば、使い手の都合で短命に終わってしまうものもある。また、描かれている車両や風景が変わればそれに合わせ、名称が変わればデザインも変わり、はたまた廃棄か保存かと時代にも翻弄されるの無人化になると博物館か新境地へ異動、の出合いは、まさに一期一会。次に訪れた時はもう押せないかもしれない。色が変わっているかもしれない……！デザインが変わっているかもしれない。常に心配事が絶えないのだ。だから、訪れる度に押印して帰るよう心がけている。出合えるかどうかはあなた次第。駅スタンプはモノ言わぬ生き物だ。

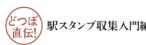

その二 駅スタンプの探し方

駅構内で探す

まずは自身で探してみよう。目安はスタンプ専用の台。あったとしてもパンフレット置きに転用されている場合もある。次に、券売機・窓口まわり。とくにJRはみどりの窓口内にある場合が多く、備え付けの時刻表付近や指定券記入カウンターに潜んでいることもしばしば。そして改札まわりを探索。自動改札機の普及で大都市圏では見かけなくなったが、有人改札ボックスの空きスペースや、そもそも改札内にあることもあるので、改札を出る前に今一度見渡してみよう。

Point ターミナル駅の場合

ターミナル駅など大規模駅の場合は、駅員の目が届きやすい改札内コンコースに設置していることが多い。また構内にある観光案内所や土産物店も捜索範囲だ。

窓口に確認

窓口への確認はひと通り捜索してから聞く。項目は2つ。「スタンプお借りできますか?」と「ほかにありませんか?」。後のフレーズは大事。駅の無人化などで管理ができなくなった他駅のスタンプが預けられている可能性があるからだ。これを私は「隠しスタンプ」と呼んでいる。また、"この駅にはないだろう……"というのは危険。とりあえず聞いてみることも大切だ。

Point ボーナス駅がある

「ボーナス・チャレンジ」と命名している駅がある。これは管理を託された付近の駅スタンプが複数保管されている状況で、うれしい半面、乗り換え時間に余裕がないときは、かなり慌てる。

地方の私鉄では主要駅で全駅分を一括管理しているところも!これは乗り遅れ確定!

「押させていただく」という謙虚な姿勢を忘れずに

駅近商店も怪しい

捜索範囲は駅前も!鉄道会社からの委託できっぷを販売している駅前の商店などで、スタンプもいっしょに預かっている事例や駅前商店店主が元鉄道職員で、回収処分を回避させるために保護し密かに保管していることも。

その三 "どつぼ"流 駅スタンプの押し方講座

Step 1
スタンプの上を確認

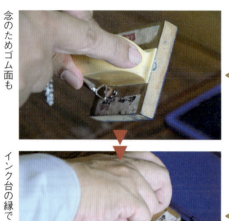

念のためゴム面も確認しよう

Step 2
インクをつける

インク台の縁で傷つけないように

Step 3
インクは隅々までまんべんなく

決して叩かない！ゆっくりと

Step 4
用紙の真ん中にロックオン！

習字をするような感覚で正しい姿勢

Step 5
用紙に押し当てる

まずは真上から軽く押し当てる

駅スタンプ収集入門編

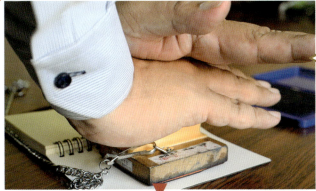

Step 6
両手を使い全体に力を入れる

フチも確実に円を描くように押し当てる

Step 7
軽くスタンプを離す

心静かに真上へ

Step 8
インク台の蓋を閉じ、元に戻す

感謝の心大切に、立つ鳥後を濁さず！

次の人のためにスタンプ面の汚れは歯ブラシで優しく除去！ **Point**

その四 "どつぼ"流 駅スタンプ収集の七つの道具

1 インクスタンプ台
マイスタンプ台を黒・赤・青を基本携帯とし、さらに緑、オレンジ、紫があれば完璧

2 スタンプノート
私がいつも使っているのは無印商品の「ダブルリングノート・無地」。お手頃価格で便利

JTBパブリッシングが販売しているスタンプ帳は、実は私が監修したものだ

3 歯ブラシ
ゴム面やインクスタンプ台のごみを払い退けるのに必要。先細とノーマル2種を携帯

4 カメラ
スタンプの状態や設置状況を記録するほか、複製保護の目的でゴム面を撮影

5 ウェットティッシュ
スタンプゴム面の清掃や違う色のインクが付着していた時のふき取り用として使う。コンビニでもらうお手拭きも重宝する

6 除菌シート
スタンプや台回りの清掃用としても使えるほか、感染症対策の観点から、あると助かる

7 メモ帳
試し押しのためのもので、設置インクの度合いや、押す際の力加減の参考になる

008

駅スタンプ収集入門編

その五 駅スタンプの色々

スタンプ台座タイプ

■木製一般型
ごく一般的な木製スタンプ台座で、取手部分が木製はめ込み或いはプラスチック製は両面テープで付いているものがあり、押しやすく製作費用もリーズナブルだ

■昭和握り棒型
古くからあるお宝スタンプに多い握り棒付きタイプ。意外と左右に力が入らないので、両板部分に直に手首をのせて補助押しするなど、押すのにひと手間かかる

■芋判型
丸太タイプはかなりイレギュラーではあるが、その存在感は抜群。重量があり両手で持つ必要があるので力は入るが滑りやすく、とにかく押しにくい

■銘木一刀彫型
これもまた、お宝スタンプに見られる銘木一刀彫型。胴が長い分、まんべんなく力が込められるが、フチ部分を確実に押そうと回し押しするとズレて失敗しやすい

■クリスタル型
右のアクリルタイプの上ランクになるのがクリスタルタイプ。アクリルに比べ重量があり押しやすいが、取っ手の部分がよく破損するので注意だ

■アクリル台座型
アクリルを用いた台座は、スタンプの上下や絵柄が見える分、一発で分かる優れモノだが、取手部分が意外と弱く、折れているものやテープで補修しているものも

機械押しタイプ

■スタンプマシン型
西の方にある鉄道会社の大規模主要駅に一時普及したマシン型だが、とにかく使いづらい。インクの管理が悪ければ、こちらの手の打ちようがない代物

メーカーの改良を強く求む！
また別のタイプのマシンで、なんとカウンターが付いている。自分が何番目の押印者かが確認できる

インク内臓印鑑タイプ

■インク内蔵型
確認しておきたいのは、「シャチハタ」はメーカーの名前で、正確には「Xスタンパー」というのだそう

この手のインク内蔵スタンプはJR西日本を中心に90年代に広がり一見便利ではあるが、インク補充など維持管理に手間がかかり、これを怠ると悲惨なことになる

その六 駅スタンプを押す旅に出よう

JR土讃線完全制覇
1泊2日
駅スタンプ押し鉄旅

琴平

多度津

善通寺

土讃線は多度津駅が起点。真新しいスタンプ帳をもって改めて土讃線スタンプの旅スタート

駅によっては窓口で申告し出してもらうところも。「大切なスタンプ、お借りします」

東京からの寝台特急サンライズ瀬戸号が琴平駅に到着。今回はここからスタート

様々なスタンプに逢える四国
お得フリー切符で巡ろう

　四国を縦貫する路線で知られる土讃線。香川県多度津～高知県窪川まで全長198・7kmもある。さて、どう攻略するか？　そんなことを思いながら週末に飛び乗った寝台特急「サンライズ瀬戸」号は高松で折り返し、この日は延長運転で琴平に。朝食は高松で30分の停車中にしっかりと讃岐うどんを堪能し、8時39分琴平に到着したところで押し鉄スタート。
　まずは普通列車で善通寺、そして土讃線起点駅多度津と逆打ちで収集。10時19分、観

撮影／川田英登

どつぼ直伝！ 駅スタンプ収集入門編

坪尻

阿波池田

貞光

2004年に前駅が焼失し地元中学生が設計した再建駅舎の「とまレール大杉」※1

阿波川口駅はタヌキの駅として駅舎もご覧の通り。かわいいが無人駅だ

日本一遅い特急？ 観光列車「四国まんなか千年ものがたり」が行く

「スタンプの旅、行ってらっしゃい」。鉄道好き駅員さんに声をかけてもらった

大杉駅スタンプは待合室にあるが、これがなかなか押しづらい

阿波川口駅は書かれている電話番号にかけて地元の人に出してもらうシステム※2

阿波池田では10分の散策停車を利用してコンプリート

この旅の最難関・坪尻駅は観光列車でクリア。但し黒のインク台は持参したほうがいい

光列車「四国まんなか千年ものがたり」に乗車し、優雅な食事を楽しみながら難関駅であった秘境駅・坪尻をはじめ「ボーナス駅」と呼んでいる阿波池田で徳島線貞光を含む3つのスタンプを10分の散策停車でゲット。

12時47分、大歩危に着くと余韻に浸ることなく、すぐさま52分発の上り普通列車に飛び乗り、阿波川口、そして14時03分発の下り普通列車で大歩危を通り過ぎ、その先の大杉へ。地元中学生が設計したという三角型の大杉駅舎店で国鉄時代のレアスタンプ豊永を頂く。

15時45分、特急「南風」20号で再び大歩危へ。駅内にあるスタンプ、そして駅前にある「歩危マート」で名物の祖谷そばをいただきながら、こ

※1 窓口は6〜11時 13〜16時なので注意　※2 問い合わせ090-4979-1039 鍵山さん

豊永

大杉

阿波川口

JR四国　年　月　日

高知駅改札にある巨大よさこい鳴子に驚く。ちなみに私の身長は183cm

「今宵は寝かさない」がテーマの鉄道部屋で一泊！ 温泉良し。記念スタンプあります

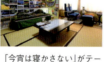

なんとスーパーで名物の祖谷そばを食べることができる。うまし

大杉からは化けモノエンジンを搭載した2700系南風で一気に大歩危へ

四国で最初に導入された自動改札機は実は高知駅。そんな横にスタンプはあります

次の日も高知行き車内で戦利スタンプを確認しながら思わずニヤリ

歩危マート名物巨大・ぼけあげと岩豆腐。そして名物女将の山口由紀子さん

大歩危は駅だけでなく、駅前スーパーにもあるので見逃すな！

ここにある大歩危駅スタンプも収集。このジグザグ作戦は成功を収め、今宵は吉野川第二橋梁そばにあり、私が仲間とちょっとプロデュースしたホテル「サンリバー大歩危」の鉄道部屋「ムーンライトおおぼけ」で宿泊。明日に備え鉄分を充分に補給した。

2日目は、大歩危7時24分発の特急「しまんと」1号で一気に土佐山田へ。最近デザインが変更となったスタンプを収集し、普通列車で後免、高知、朝倉へとハシゴして朝倉駅前からは〝とでん〟こと、とさでん交通伊野線の路面電車で終点伊野へ。無人化に伴い、電停近くにある伊野町観光協会内に伊野駅スタンプが移設されているのだ。映画『竜とそばかすの姫』でも登場するJR伊野駅へは徒歩5

どつぼ直伝！ 駅スタンプ収集入門編

後免

土佐山田

大歩危

高知

鉄道部屋「ムーンライトおおぼけ」

伊野停留所から徒歩1分に観光協会はある。ここにスタンプ案内の張り紙が！

高知駅で昼食にとレア駅弁「カツオのたたき弁当」をいただきます

名物の大屋根が開放的な高知駅。今日も良く晴れている

西佐川駅観光協会で声をかけると出してくれる。最近製作したそうだ

朝倉駅前電停から乗ってもよかったが、朝倉電停のこのシュールな風景も見たい

これから1000系に乗ってさらに西へと向かいます。乗車！

分ほどで着き、11時29分発の普通列車で今度は「青春18きっぷ」のポスターで話題となった西佐川へ。ここで駅内にある仁淀ブルー観光協会製作のスタンプを2種収集。

ここからは佐川の町を歩くことに。約2kmを40分かけて酒蔵と牧野富太郎ゆかりの地の散策途中にある「うえまち駅」という謎の駅。佐川町観光協会が入っている建物で、その中には里帰りしたという日本唯一の木造四軸2等客車ロ481号車が展示されており、しかも車内も見学・座ることもできる。そんな居心地の良いうえまち駅にはJR佐川駅スタンプもあり、まったく油断ならない。さらに鉄道好きスタッフさんと四国の鉄道話に華を咲かせていたら、危うく次の列車に乗り遅れる

西佐川

朝倉

伊野

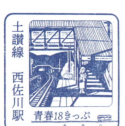

窪川駅から徒歩1分。雰囲気抜群の天ぷら専門店「みなくち」はある

秋晴れの中を主力の1000系普通列車は須崎へ向かう

うえまち駅に展示されているロ481は鉄道準記念物に指定。乗ることもできる

窪川駅内にはレストラン「しまんとめしFORM」がある。水曜定休11〜20時

四万十町役場一階には予土線コーナーがあり、ここに記念スタンプ鎮座している

うえまち駅は9〜17時の開館で年末年始のみ休み。入場無料だ

ところだった。佐川駅までは約530m、徒歩10分圏内の距離に。どうにか乗れた13時39分発の各駅で須崎へ向かう。20分後に発車する須崎への中村行き下り特急「あしずり」5号で須崎とこれまたレアな国鉄時代スタンプの多ノ郷を収集して窪川へ。

ここから先は極端に列車の便が減るので再びジグザグ作戦を決行。一気に土讃線終着である窪川に向かい、隣の四万十町役場1階に置かれている予土線45周年記念スタンプも収集。一度手を出したらヤバイ駅前の量り売り天ぷら屋「みなくち」の芋天とエキナカにあるレストラン「しまんとめしFORM」のから揚げをゲットし、15時51分発の高知行き上り特急「あしずり」12号で再び須崎へ。

どつぼ直伝！駅スタンプ収集入門編

四万十町役場

多ノ郷

佐川

安和

窪川

須崎

集落活動センターあわで駅スタンプグッズが販売されている※

須崎から再び窪川行き普通列車で安和駅へ。いよいよラストだ

から揚げはテイクアウトもできる。また四万十ウナギも食べられる。絶品

安和駅スタンプグッズも買ってご満悦の私。安和駅看板と記念撮影！

予讃線下灘駅より実はこちらの方が海に近い。絶景の安和駅着

貴重となった振り子式2000系特急「あしずり」号で須崎へ逆戻り

そして下り普通列車窪川行きで最後のひとつとなった安和に16時16分に降り立つ。「待ってましたよ！」と15時半の閉館を待ってくれていた隣接する集落活動センターあわのスタッフさんのご厚意で渾身の一押し。ここでしか買えない駅スタンプグッズもお礼代わりに購入させてもらった。本当に感謝だ。ただささっきから特急でここを往復していたことは内緒にしておこう。

丸2日、集まったスタンプは昨日泊まった鉄道部屋のスタンプを含めると29個。思い出詰まったスタンプ帳がまた一冊増えたと、ホームから展望できる太平洋を眺めながら、達成感に浸っていた。まもなく上りの普通列車がやってくる。

※ 集落活動センターあわ　10〜15時30分　0889-59-1595

その七

駅スタンプを自作して寄贈する⁉

「スタンプがあることによってその駅が幸せになるか」で製作を決める

十数年前から駅スタンプの製作・寄贈をしているが、意外と有志による寄贈は多い。私の場合は「このスタンプで活性化に繋がるか」をまず念頭においた上で、リサーチから始める。寄贈駅が無人の場合は管理をしていただける方を探し、鉄道会社等の了解をとった上でようやく製作に入る。デザインは、現地へロケハンに出て、名所旧跡、名物を盛り込むほか、過去にあった印影を探して一部をオマージュすることも。それを手書きとワードアートで描く。いつも製作をお願いしている高松の印鑑店のお姉さまから、ワードアートで絵を描くなんて変態ですよ！」と笑われる。また、形や色は、前後駅に配置しているスタンプのバランスを参考に決定。インク台も寄贈している。

十個十色
21の駅スタンプたち

2012.11.18寄贈
JR土讃線

阿波池田
（あわいけだ）

JR阿波池田駅窓口

坪内政美プロデュースの貸切まちおこし列車「どつぼ列車」運行記念として寄贈。三十数年前に盗難にあった国鉄時代の阿波池田駅スタンプを幼少期に押していた印影を元に復刻した。劣化に伴い2024年秋に再復刻し寄贈した。

坪内政美が主宰する町おこし列車の第7弾として阿波池田〜坪尻〜大歩危間を走行

2012.11.18寄贈
JR土讃線

大歩危
（おおぼけ）

駅前スーパー歩危マート常設

同じく、運行記念で大歩危駅に寄贈。当時、駅助役犬を務めていた虎太郎助役を称え製作。駅前「歩危マート」二号館に常設してもらっている。

_{どつぼ}
_{直伝!} **駅スタンプ収集入門編**

2013.3.27寄贈

JR予讃線

下灘　_{しもなだ}
駅管理をしている
ボランティアスタッフさんが保管

駅を見守っていた地元老人会の希望で製作。管理は西下芳雄さんにお願いし、スタンプを通じて旅人と交流ができると、とても喜んでもらった。現在は駅を管理していただいているボランティアスタッフさんに保管してもらっているが、一度盗まれそうになったため、現在は押した紙を週末に運行される観光列車到着時に配っている。

最初に寄贈した笑顔の素敵な西下芳雄さんはその後亡くなられた。大切にしていただきました

2014.10.10寄贈

高松琴平電気鉄道琴平線

滝宮　_{たきのみや}
高松市・テイクアウト&
ドッグラン 88常設(有料)

菅原道真公を祀った滝宮天満宮最寄り駅で、受験生の合格祈願のアイテムにと製作。人気を博していたが、鉄道会社の都合で現在は駅未設置。

2012.11.18寄贈

JR土讃線

坪尻　_{つぼじり}
JR阿波池田駅窓口

当時、「東の押角、西の坪尻」と云われていた秘境駅の横綱で国鉄式で製作した。駅が無人なので盗難対策として、管理駅となる阿波池田駅に寄贈。劣化に伴い2024年秋に再復刻し寄贈した。

2013.7寄贈

JR予讃線

津島ノ宮 (臨時駅)　_{つしまのみや}
JR津島ノ宮常設(期間限定)

津島神社大祭2日間のみ開設臨時駅で、来訪者が頻繁にスタンプの問合わせをしているのを知り、当時の駅長と相談のうえ製作。翌年に寄贈。

駅の開設は毎年8月4・5日。
津島神社は子どもの神様で、
多くの参拝者で賑わう

2016.4.26寄贈
JR予土線
十川
とおかわ
四万十町十川
地域振興局常設

高知県予土線利用促進対策協議会のアドバイザーを務めていることから、乗降客数が低迷する同線の話題にと、NHKロケ日に合わせて寄贈。

2017.5寄贈
JR土讃線
大歩危（二代目）
おおぼけ
駅前スーパー歩危マート常設

前回製作の虎太郎犬助役も引退し、この年に観光列車「四国まんなか千年ものがたり」が運行を始めたことによりデザイン変更を行った。（歩危マート／常設）

2017.5寄贈
JR予讃線
五郎
ごろう
井上理髪店常設

地域で毎回欠かさず行なっている観光列車「伊予灘ものがたり」へのお手振りに感銘し寄贈。タヌキ駅長に扮する井上金徳さんに管理をお願いしました。

無人駅であるため駅近隣の井上理髪店に常設を依頼。快く引き受けてくれた。ご主人の井上金徳さんは2024年夏に亡くなられ、その意志は息子さんに引き継がれた。ご冥福をお祈りします

2015.6.17寄贈
高松琴平電気鉄道琴平線
仏生山
ぶっしょうざん
高松市・テイクアウト
&ドッグラン88常設
（有料）

大正製のレトロ電車を運行していたこともあり、車両基地がある当駅に来訪するファンからの要望が多数寄せられていたことを知り製作。鉄道会社の都合で現在は駅未設置。

2017.5寄贈
高松琴平電気鉄道志度線
琴電志度
ことでんしど
高松市・テイクアウト＆
ドッグラン88常設(有料)

すぐ目の前にあるJR志度駅に対抗すべく、スタンプ設置を当時の駅長から相談されたことをきっかけに製作。鉄道会社の都合で現在は未設置。

どつぼ直伝！ 駅スタンプ収集入門編

2018.11.4寄贈
宇和島運転区
イベント時常設

毎年秋開催の運転区一般開放イベントで、販売グッズ製作を相談されたことをきっかけに、さらに誰でも喜んでもらえるスタンプも！と製作し寄贈。

ふれあいまつり開催時のみ押すことができる、駅ならぬ運転所スタンプは貴重！

2018.12.3寄贈
JR土讃線
阿波川口
（あわかわぐち）

観光列車運行時常設・藤本個人宅他

観光列車「四国まんなか千年ものがたり」運行開始以降、毎回駅でのおもてなしを行っている地域の方々からの強い要望を受けて製作・寄贈。

観光列車停車中は駅に常設され、それ以外は委託駅長であった故藤本利弘さん宅他で管理してもらっている

2018.12.1寄贈
高松琴平電気鉄道長尾線
長尾
（ながお）

高松市・テイクアウト＆ドッグラン88常設(有料)

これまで長尾線自体に駅スタンプがなく、かねてから設置要望が多く寄せられ製作。県観光協会主催の講座中に寄贈した。鉄道会社の都合で現在は駅未設置。

2019.9.7寄贈
JR予讃線
比地大
（ひじだい）

Kトレインワールド常設

当駅で清掃奉仕を行っている木川泰弘さんが館長を務める、私設の鉄道ミュージアム開館記念に、開館日に合わせて製作・寄贈した。

香川県高松市・テイクアウト＆ドッグラン88内にある「どつぼにはまることことの鉄道部屋〜坪内政美郷土鉄道資料館〜」が2024年9月にオープンし、理由あって返還された高松琴平電気鉄道の寄贈スタンプ4駅と自身が製作したレトロ電車4種の記念スタンプが押印できるようになった。

■住所　香川県高松市牟礼町大町970-2　ことでん志度線塩屋駅最寄り　080-6282-6088　10〜17時　火曜休
※スタンプ押印には施設入場料が必要

施設内にはことでん20形23号車も保存

2020.1.16寄贈
JR飯田線

東栄(とうえい)
JR東栄駅内常設

著書『鉄道珍百景』の取材に立ち寄った際、先代スタンプが破損していたことで駅内喫茶店の方から相談を受け、駅を管理する東栄町に寄贈。

このスタンプが四国外初の寄贈となり、愛知県東栄町の広報誌にも掲載された

2020.11.6寄贈
JR吉都線

えびの飯野(いいの)
JRえびの飯野駅窓口

スタンプ捜索中に立ち寄った駅で、無人化した駅を盛り上げようと奮闘する地元の方々に触れ、活性化のきっかけになればと寄贈。

寄贈当日は地元市長さんや自衛隊駐屯地の方々も駆けつけ、盛大に寄贈式を実施

2020.11.28寄贈
JR土讃線

安和(あわ)
観光列車運行時・集落活動センターあわ常設

観光列車「志国土佐時代(とき)の夜明けのものがたり」運行時に撮影でお世話になり、おもてなしを行う集落の方を応援しようと寄贈。

2022.4.30寄贈
JR伯備線

井倉(いくら)
井倉駅観光案内所窓口

2022年3月31日をもってきっぷの委託販売が終了した際に、設置していたJR駅スタンプも引き上げられてしまったと強制引退を嘆く井倉駅運営委員会の方の声を拾ってしまい、製作、寄贈した。大変喜んでもらえた。

2021.12.25寄贈
旧国鉄瀬棚線

国縫(くんぬい)
温泉旅館大成館常設（宿泊客限定）

従業員として働いていた旧国鉄駅長の方が恐らく現役時に製作していたもので、在館中に宿泊客に記念に押させていたが、高齢と体調不良を理由に退職された際に一緒に引き上げられ、その後スタンプの行方が分からないことから製作した。

2021.12.25寄贈
国鉄函館本線

山崎(やまさき)
温泉旅館大成館常設（宿泊客限定）

このスタンプも「瀬棚線国縫駅」同様で、印影をもとに復刻製作した。かなりの劣化による印影のため復刻に時間を要した。

お気に入りデザインの駅スタンプ

JR石北本線
網走（あばしり）　お宝度 ★★☆

国鉄時代からのデザインを引き継いだものだが、比べると流氷部分の影の相違や文体など多少の変化がある。
（2018年網走駅押印／常設）

JR石北本線
女満別（めまんべつ）　お宝度 ★★☆

北海道らしい木彫り調は今となっては珍しい。1990（平成2）年新築の現駅舎をモチーフに、女満別空港を連想させる飛行機が飛んでいる。
（2019年女満別駅内図書館押印／窓口）

JR根室本線
白糠（しらぬか）　お宝度 ★★★

白糠駒踊りは1919(大正8)年に披露されて以降、放牧開始の安全を祈願してイベントで踊られるもので、名産の鮭とともにコミカルに描かれている。
（2018年白糠駅押印／窓口）

JR千歳線
平和（へいわ）　お宝度 ★☆☆

平和の象徴でもある鳩の背後は札幌貨物ターミナルが描かれている。貨物ファンには名の知れた駅だが、この駅に行くのに300mある長大跨線橋を渡る必要がある。なかなか平和ではない駅だ。（2023年平和駅押印／常設）

北海道

JR根室本線
幕別
まくべつ

お宝度 ★☆☆

パークゴルフは1983（昭和58）年に考案された公園などで楽しめるスポーツで、駅前にはデザイン同様の銅像が建立されている。開設当初は青だった。（2018年幕別駅押印／窓口）

JR根室本線
浦幌
うらほろ

お宝度 ★★☆

近年新調された駅スタンプ。今までにないタッチのイラストで「ご当地入場券」発売に合わせてJR北海道が製作したものと推測。（2018年浦幌駅押印／窓口）

JR根室本線
池田
いけだ

お宝度 ★☆☆

名産のブドウとワインに挟まれた名所のワイン城が、角型を巧みに利用して描かれている。駅前には駅弁「ワイン漬けステーキ弁当」もある。（2019年池田駅押印／窓口）

JR根室本線
釧路
くしろ

お宝度 ★☆☆

以前は丹頂鶴が描かれていたが、飛来地と合わなくなっていったため、現在は街のランドマークである幣舞橋となっている。（2019年釧路駅押印／常設）

JR根室本線
芽室
めむろ

お宝度 ★★★

スキーヤーの凛々しい顔が印象的な昭和40年代のデザインが現存する同駅には、「ゲートボール発祥の地」のデザインも存在する。（2018年芽室駅押印／窓口）

023

お気に入りデザインの **駅スタンプ**

JR室蘭本線など
苫小牧（とまこまい）　お宝度 ★★★

路線地図型のデザインは、複数の路線が乗り入れする駅で確認できるが、苫小牧駅は北海道唯一、3本の路線が乗り入れている。(2019年苫小牧駅押印／窓口)

JR室蘭本線
伊達紋別（だてもんべつ）　お宝度 ★★★

仙台藩・亘理伊達家が入植・開墾したことから名付けられた土地。国鉄時代から変わらない第14代当主伊達邦成デザインは威厳がある。(2019年伊達紋別駅押印／常設)

JR函館本線
余市（よいち）　お宝度 ★☆☆

ソーラン節はニシン漁が盛んだった江戸〜昭和初期にかけて歌われた鰊場作業唄を由来とする民謡。余市町のゆるキャラ「ソーラン武士」が踊る。(2019年余市駅押印／窓口)

JR室蘭本線
白老（しらおい）　お宝度 ★☆☆

アイヌ文化を伝承している町で、恐らく町が製作した駅スタンプだと思われる。かつては国鉄型デザインも存在していた。(2019年白老駅押印／窓口)

北海道

JR函館本線
五稜郭
（ごりょうかく）

お宝度 ★☆☆

星型の名城・五稜郭城を中心としたデザインは、基本的に国鉄時代から継承されている。「JR」以前は「函館本線　五稜郭駅」と記されていた。（2018年五稜郭駅押印／常設）

JR函館本線
ニセコ

お宝度 ★☆☆

ニセコ山を背景に1988（昭和63）年、山小屋風にリニューアルされた駅舎が描かれているが、このデザインはごく最近変更されたものと聞く。（2018年ニセコ駅押印／窓口）

JR函館本線など
長万部
（おしゃまんべ）

お宝度 ★★☆

1954（昭和30）年、天然ガス掘削中に噴出したことがきっかけとなった長万部温泉。ホタテ型の駅スタンプは国鉄時代に付近の駅でも確認されたが、現在は復刻された山崎駅とこの駅のみとなった。（2024年長万部駅押印／常設）

JR函館本線
八雲
（やくも）

お宝度 ★★☆

北海道土産の定番・熊の木彫りは、1923（大正12）年に入植した尾張藩士が冬季の収入源として徳川農場で造ったのが最初とされている。（2018年八雲駅押印／窓口）

JR函館本線
函館
（はこだて）

お宝度 ★☆☆

函館名物のイカの中に、函館山とロープウェイ、函館ハリストス正教会が詰められている。この他にもう一種オリジナルデザインが存在する。（2018年函館駅押印／常設）

列車が刻まれた 駅スタンプ

JR根室本線
新得
しんとく

お宝度 ★☆☆

以前描かれていたキハ283系の引退に伴いスタンプのデザインを変更。かつて活躍していたデゴイチ牽引の客車列車が狩勝峠を下る姿となった。（2024年新得駅押印／常設）

D51形蒸気機関車
新得駅近く、旧新得線跡に95号機が保存

JR石勝線
占冠
しむかっぷ

お宝度 ★★★

1981(昭和56)年、石勝線全線開通時に製作された貴重品でかなり劣化が進んでいたが、2022年に見事復刻された！これはうれしい限り。（2023年占冠駅押印／窓口）

キハ183系特急「おおぞら」
道の駅「あびらD51ステーション」に唯一保存されている

026

北海道

JR室蘭本線など
追分
おいわけ

お宝度 ★☆☆

SLとゆかりの深い鉄道の地。機関庫の大火災で残ったD51形465号機の動輪が駅前に鎮座。京都のトロッコ嵯峨駅にも被災したD51が残る。(2019年追分駅押印／常設)

蒸気機関車D51形320号機
道の駅「あびらD51ステーション」に静態保存されている

JR千歳線など
南千歳
みなみちとせ

お宝度 ★★☆

全通は1981(昭和56)年とバイパス線として比較的新しい線路で、その起点となる南千歳はホームに0キロモニュメントが鎮座する。(2019年南千歳押印／窓口)

キハ283系特急「おおぞら」
1997(平成7)年導入の振り子式気動車。札幌ー釧路を結んでいた

列車が刻まれた 駅スタンプ

JR千歳線
新千歳空港
しんちとせくうこう

お宝度 ★☆☆

恐らく733系快速エアポートだと思われる。問題は頭上を飛んでいる旅客機が何か？ ウィングヘッドの形状からボーイング767-200と予想！(2019年新千歳空港駅押印／常設)

733系快速エアポート
2012(平成24)年導入の3000番台車は指定席車も連結

JR宗谷本線
南稚内
みなみわっかない

お宝度 ★☆☆

2022(令和4)年ごろに新調されたスタンプで利尻富士をバックに、はまなすが咲く宗谷線を疾走する新鋭261系はまなす編成がかっこいい。(2023年南稚内駅押印／常設)

キハ261系5000番台 はまなす編成
観光特急としての利用も考えたJR北海道の最新鋭特急車両

028

北海道

JR北海道新幹線・函館本線
新函館北斗
しんはこだてほくと

お宝度 ★☆☆

JR北海道駅にあって、迫力ある新幹線車両が描かれているが当然H5系がモデル。JR東日本所有のE5系とスタンプ上では見分けがつかない。（2018年新函館北斗駅押印／常設）

H5系新幹線「はやぶさ」
JR北海道が所有する新幹線車両。10両×4編成が在籍

JR北海道新幹線
木古内
きこない

お宝度 ★☆☆

新函館北斗駅と同型のデザインだが、背後にある駅の外観のみ変更されている。また、隣接する道南いさりび鉄道にもスタンプが存在する。（2018年木古内駅押印／常設）

H5系新幹線「はやぶさ」
H5系の横帯は「彩香パープル」と呼ばれるラベンダー色

JR宗谷本線
美深
びふか

お宝度 ★★★

2020（令和2）年にデビューしたキハ261系5000番台はまなす編成を記念して製作したという。テンションが上がるデザインに感服だ。（2022年美深駅押印／常設）

キハ261系5000番台 はまなす編成
最新鋭特急車両で特急宗谷やサロベツで活躍

キハ261系0番台特急 宗谷・サロベツ
1998年デビューディーゼル車両、日本最北端特急で活躍

今、押しておきたい 年代物スタンプ

JR根室本線
厚岸（あっけし）　お宝度 ★★★

劣化具合から、国鉄時代から残る駅スタンプのひとつと思われる。通常星が入った定型が多いなか、オリジナルのデザインもあった。（2018年厚岸駅押印／窓口）

JR根室本線
東根室（ひがしねむろ）　お宝度 ★★☆

日本鉄道最東端に位置する駅だが奇しくも無人駅なので、隣の根室駅に常設されている。根室駅スタンプと一緒に押したい。（2018年根室駅押印／常設）

JR函館本線
森林公園（しんりんこうえん）　お宝度 ★★★

国鉄時代のわたしの旅シリーズが残る穴場的な存在で、駅名のところで劣化が始まっているのが気にかかる。（2023年森林公園駅押印／窓口）

JR根室本線
落石（おちいし）　お宝度 ★☆☆

100周年イベント開催時に製作された。このシリーズは落石のほか、別当賀・西和田駅のものも根室駅で確認している。（2024年根室駅押印／常設）

JR宗谷本線
名寄（なよろ）　お宝度 ★★☆

何度か復刻されているが国鉄時代のデザインを踏襲しているスタンプの一個。展示保存されているキマロキも訪れたい。（2023年名寄駅押印／窓口）

北海道

保存駅舎 上砂川駅で発見！

ドラマ「昨日、悲別で」のロケ地ともなった上砂川駅

移設された駅舎内に、当時の駅スタンプが並ぶ

廃線 JR函館本線上砂川支線
下鶉（しもうずら）　お宝度 ★★★

途中駅3駅すべてに「鶉」の文字を冠している。これは、福井県鶉村の人達が入植し開墾したことによる地名。駅は無人で片側ホームだった。(2019年旧上砂川駅押印／常設)

廃線 JR函館本線上砂川支線
東鶉（ひがしうずら）　お宝度 ★★★

全長4.5kmの上砂川支線には終着上砂川駅のほかに3駅存在していた。東鶉駅は無人で片側ホーム。各駅の様子がデザインされている。(2019年旧上砂川駅押印／常設)

廃線 JR函館本線上砂川支線
鶉（うずら）　お宝度 ★★★

1994（平成6）年に全線廃止となった上砂川支線。有人駅であった鶉駅は、現在でも1948（昭和23）年築の木造駅舎が現存している。(2019年旧上砂川駅押印／常設)

廃止線 JR札沼線
新十津川（しんとつかわ）　お宝度 ★★☆

2020（令和2）年廃止後、観光案内所として活用していたがその後解体となってしまった。心配していたスタンプは新十津川物産館で押印できる。(2019年新十津川駅押印／常設)

今、押しておきたい **年代物スタンプ**

JR釧網本線
原生公園（臨）
お宝度 ★★☆

夏季のみ開設される臨時駅でログハウス調小さな駅待合で押すことができる。北海道唯一の臨時駅スタンプ。(2023年原生公園駅押印／常設・限定)

道南トロッコ鉄道
キーコの郷
お宝度 ★★☆

あのディスカージャパンが帰ってきた！ 旧江差線廃線跡を利用して誕生した道南トロッコ鉄道。枕木で組まれた駅だが、スタンプも存在する。(2015年鶴岡公園駅押印／常設)

JR函館本線
銭函
お宝度 ★☆☆

何とも縁起のいい「金運上昇」の銭函駅。ニシン漁で栄え、どの家にも銭箱が重なっていたことから名付けられた地名と聞く。(2017年銭函駅押印／窓口)

廃線 旧国鉄岩内線
幌似
お宝度 ★★☆

保存駅幌似駅で発見！ 廃止に伴い当時の国鉄が製作した駅スタンプに描かれたキハ40形のイラストは、さよなら切符や記念証にも採用された。(2018年幌似鉄道記念館押印／常設)

1985(昭和60)年に廃止された岩内線の保存駅

幌似鉄道記念館となった旧駅舎内で押せる

道南トロッコ鉄道
新在分岐前
お宝度 ★★☆

2015(平成27)年に開業したトロッコ線の停車駅で、現在この駅の名は「平成鶴岡」に改名されている。(2015年鶴岡公園駅押印／常設)

北海道

お宝度 ★☆☆

札幌のランドマークである時計台が描かれた通年バージョンのスタンプ。国鉄時代からは形やデザインも変化しているが、文言はそのまま起用されている。（2019年札幌駅押印／常設）

JR函館本線など
札幌（さっぽろ）

四季で変わる札幌駅のスタンプをコンプリート！

全国でも珍しい四季で変化する駅スタンプ。切り替え時期があいまいなので、採取には注意したい。

お宝度 ★★☆

春バージョン。1957（昭和32）年に完成した札幌テレビ塔から飛び出す車両は、サイドのラインから789系特急カムイと推測。（2016年札幌駅押印／期間常設）

お宝度 ★★☆

ひまわりの中で踊るトウモロコシと牛乳、正確にいえば「瓶」は夏の北海道を象徴する。背後に鎮座する列車は721系電車だ。（2017年札幌駅押印／期間常設）

お宝度 ★★☆

冬のイメージなのか時計台が採用されている。問題はその下を走っている列車だ。721系？731系？まさかのキハ201系なのか!?（2018年札幌駅押印／期間常設）

お宝度 ★★☆

函館本線を考慮すると、秋のニセコ峠を駆け上がるC11形207号機を描いているのだろう。ただこの機関車、現在は関東の東武鉄道で活躍している。（2016年札幌駅押印／期間常設）

今、押しておきたい

廃線 旧国鉄広尾線	
広尾(ひろお)	お宝度 ★★☆

1987(昭和62)年に廃止された広尾線の終着駅。廃止記念で製作されたもの。印影には解体された旧駅舎が描かれていた。(2019年広尾町海洋博物館押印／常設)

旧広尾駅舎は老朽化で2018(平成30)年に解体され、バスターミナルになっている(左上)。鉄道展示品は広尾町海洋博物館(右上)に移設された

廃線 旧国鉄広尾線	
愛国(あいこく)	お宝度 ★★☆

北海道の路線廃止の際は、廃止記念のさよならスタンプが製作される場合が多く見られた。最近でもその伝統は引き継がれている。(2019年広尾町海洋博物館押印／常設)

広尾線のスタンプを探せ！

帯広〜広尾間80kmを結んでいた国鉄広尾線は、1987(昭和62)年に廃止。あれから37年が経過した今も、復刻モノから当時のモノまで、駅スタンプが現役だ。

北海道

廃止となった広尾線の名物駅で駅舎が現存する幸福駅には、今も土産店で入場券が発売されており、駅スタンプもある

廃線 旧国鉄広尾線
幸福(こうふく)

お宝度 ★★☆

旧広尾駅の記念館に保管されていたスタンプは劣化がひどく、博物館移設の際、現存していた9個中の3駅のみ復刻された。(2019年広尾町海洋博物館押印／常設)

お宝度 ★★☆

もはや国鉄が製作したものか、土産屋が製作したものかは不明だが、最初にこの地に赴いた20年前からあるスタンプ。(2019年　駅前土産店押印／常設)

ここに紹介したモノ以外も色々な絵柄のスタンプが確認された

お宝度 ★★☆

かなり古くから確認され土産屋が製作したもの。全国でも珍しい駅標のスタンプは、正面ではなく斜に構えているのが面白い。(2019年駅前土産店押印／常設)

駅スタンプ Column

はかない駅スタンプの一生

押されれば押されるほどゴム版はすり減り、いずれは引退の道を辿る

「すみません。ここのスタンプ、オンボロで……」と、申し訳なさそうに若い駅員は、それを出してきた。ゴムがすり減り、枠線が切れてしまっている老スタンプ。本当に感謝すべき逸品である。大勢の人の、旅の思い出と記憶を綴るスタンプ。これをオンボロ、カッコ悪いと見てるか、それとも、その駅の功労の証と見るかは、その人次第。はかない駅スタンプの一生。私は、駅員へ返却する時や寄贈する際に、こう言う。「大事にしてくださいね」と。

押され続けて半世紀を経過したこのスタンプは、駅が無人になっても地域の人に大切にされている

右の国鉄継承スタンプは、告知がないまま、ある日突然処分されてしまった。非常に残念

JR西日本では、支社によって窓口閉鎖によるスタンプの引退がある。その後は支社で保管される

お気に入りデザインの**駅スタンプ**

青い森鉄道
三沢（みさわ）　お宝度 ★☆☆

青森県立三沢航空科学館と航空公園が描かれ、細やかな描写のブルーインパルスが素晴らしい。（2017年三沢駅押印／窓口）

JR大湊線
大湊（おおみなと）　お宝度 ★★☆

円形と八角形の外枠は知る限りほかにはない。大湊駅は本州最北端に位置し、恐山への玄関口にもなっている。（2015年大湊駅押印／窓口）

弘南鉄道
黒石（くろいし）　お宝度 ★☆☆

路線図型駅スタンプであり、弘南線のみならず大鰐線やJRまで記載していて、路線位置がとてもよくわかる。（2019年黒石駅押印／常設）

弘南鉄道
平賀（ひらか）　お宝度 ★★☆

駅の所在地である平川市のゆるキャラ「やーやくん」でねぷた祭りをモチーフにしている。ちなみにこの駅に車両基地もある。（2017年平賀駅押印／窓口）

東北

JR奥羽本線など
大館（おおだて）　お宝度 ★☆☆

きりたんぽと秋田犬がデザインされている大館駅は、あの忠犬ハチ公の生まれ故郷。駅前には忠犬ハチ公の銅像も建っている。(2018年大館駅押印／窓口)

JR奥羽本線
弘前（ひろさき）　お宝度 ★☆☆

名勝・弘前城と桜を描いたシンプルなデザインは以前よりさらにリアルで美しいものに変化した。(2022年弘前駅押印／常設)

JR奥羽本線
鷹ノ巣（たかのす）　お宝度 ★☆☆

直径3.71mある大太鼓は1989(平成元)年に牛の一枚皮で造られた太鼓としてギネスに認定。博物館まである大太鼓の町。(2024年鷹ノ巣駅押印／窓口)

お気に入りデザインの駅スタンプ

JR花輪線
湯瀬温泉
<ゆ せ おんせん>
　　　　　　　　　　お宝度 ★★☆

温泉郷らしく、そのシンプルさがいい。由来は川瀬から湯が湧いていることから。駅には旧駅名「湯瀬」駅のスタンプ台が健在！（2018年湯瀬温泉駅押印／常設）

JR奥羽本線
井川さくら
<い かわ>
　　　　　　　　　　お宝度 ★☆☆

人名のような駅として知られ、1995(平成7)年に開業した桜の名所「日本国花苑」の最寄り駅である。花弁形は全国唯一。（2019年井川さくら駅押印／窓口）

JR八戸線
久慈
<くじ>
　　　　　　　　　　お宝度 ★★★

国鉄時代から変わらない絵柄で、年代物でもある。星の配置といい、五角形という難しい文字配列の妙を感じさせる。（2018年久慈駅押印／常設）

JR奥羽本線
下湯沢
<しもゆざわ>
　　　　　　　　　　お宝度 ★☆☆

見た瞬間"かわいい"と思ってしまった愛嬌ある鹿島さま。秋田の人形道祖神、道の神様で夏に祭りが行われる。（2023年下湯沢駅押印／窓口）

東北

JR奥羽本線・北上線
横手
よこて

お宝度 ★★☆

唯一のかまくら形に、更にかまくらがあるというデザインがユニーク。最寄りには年中かまくら体験ができる博物館もある。(2017年横手駅押印／常設)

JR奥羽本線
芦沢
あしざわ

お宝度 ★★★

2つのスタンプがあり、重ねて押すと雪がちらつく銀山温泉を歩く相合傘の夫婦の絵が完成する。(2023年芦沢駅押印／窓口)

阿武隈急行
福島
ふくしま

お宝度 ★☆☆

羽黒神社に奉納される12mもある大わらじを担ぐ福島わらじまつりを描いたデザインの中にQRコードが！(2024年阿武隈急行福島駅押印／窓口)

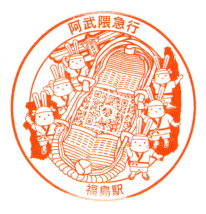

三陸鉄道リアス線・JR釜石線
釜石
かまいし

お宝度 ★★★

2019(平成31)年に三陸鉄道へと移管されたことで、その去就が危ぶまれていたが存続を確認。大観音のおおらかな姿に救われた。(2019年釜石駅押印／常設)

お気に入りデザインの 駅スタンプ

JR陸羽東線
鳴子温泉
なるこおんせん　　　　　お宝度 ★★☆

こけしの輪郭をスタンプの外枠で応用したシンプルかつ、インパクトのあるデザイン。こけしさんに見つめられています。(2019年鳴子温泉駅押印／常設)

JR奥羽本線
天童
てんどう　　　　　お宝度 ★★★

当初、劣化によって枠がなくなったと思っていたら、元々なかったという斬新なデザイン。なにか物足りないと思うのは私だけ？(2019年天童駅押印／窓口)

山形鉄道 フラワー長井線
長井
ながい　　　　　お宝度 ★★★

手書き感がザ・昭和を感じさせるこのスタンプ。実は1988(昭和63)年、山形鉄道に移管される前の国鉄(JR)長井線時代のもので貴重。(2023年宮内駅押印／常設)

山形鉄道 フラワー長井線
宮内
みやうち　　　　　お宝度 ★☆☆

「みちのく鉄道応援団」からの寄贈。「来とこやっておしょうしな」は、山形弁で「来てくれてありがとう」という意味。(2017年宮内駅押印／常設)

042

東北

JR米坂線
小国（おぐに）
お宝度 ★☆☆

豪雪地でもある小国。飯豊山朝日連峰登山口の最寄り駅として描かれた雪山がその険しさを物語る。(2017年小国駅押印／窓口)

JR東北本線
白石（しろいし）
お宝度 ★★☆

こちらも外枠がないバージョンのひとつ。だが、蔵王の山影と白石城の石垣がうまくカバー。見えない輪郭が見えてきた。(2017年白石駅押印／窓口)

会津鉄道会津線
湯野上温泉（ゆのかみおんせん）
お宝度 ★★☆

同線の数駅で同様のスタンプがあり、本社保管となっているなか、湯野上温泉駅は駅で確認。バブル期のタッチ画が垣間見える。(2017年湯野上温泉駅押印／窓口)

列車が刻まれた 駅スタンプ

JR北海道新幹線
奥津軽いまべつ
お宝度 ★☆☆

青森県に存在する駅だがJR北海道管轄の駅であることから、新函館北斗・木古内と同様のH5系デザインを施している。(2019年奥津軽いまべつ駅押印／常設)

H5系新幹線「はやぶさ」
JR北海道が所有する新幹線車両。10両×4編成が在籍

JR奥羽本線など
青森
お宝度 ★★★

以前は465系「はつかり」号が描かれていた。2000(平成12)年頃からE751系に代替わりしているが、青函トンネルは走行できない。(2019年青森駅押印／常設)

E751系「スーパーはつかり」
盛岡〜青森間で活躍。現在は特急「つがる」として運用変更

044

東北

青い森鉄道
野辺地（のへじ）
お宝度 ★★☆

日本初の鉄道防雪林が設置された聖地である。停車している701系電車にはマスコットキャラクター「モーリー」も描かれている。（2017年野辺地駅押印／常設）

青い森701系
開業当初から活躍する主力車。JRからの譲渡車も現存

JR東北新幹線
いわて沼宮内（ぬまくない）
お宝度 ★☆☆

2002（平成14）年に東北新幹線・新青森延伸に伴い新設された新駅。開業当初はE2系「はやて」が描かれていた。（2017年いわて沼宮内駅押印／窓口）

E5系新幹線「はやて」
2011（平成23）年から「はやぶさ」「はやて」に充当

列車が刻まれた駅スタンプ

JR東北新幹線など
盛岡
もりおか

お宝度 ★★☆

デザイン的にも評価の高いこのシリーズは、1982（昭和57）年の東北新幹線開業時から歴代の車両が描かれている。（2017年盛岡駅押印／常設）

E5系新幹線「はやぶさ」
JR東日本が所有する新幹線車両。10両×45編成が在籍

JR田沢湖線など
田沢湖
たざわこ

お宝度 ★★☆

E6系が導入された2013（平成25）年頃から使われている。秋田支社管内では星の代わりにローマ字表記の駅名が配置されている。（2017年田沢湖駅押印／常設）

E6系新幹線「こまち」
登場当初は速達列車「スーパーこまち」として運用

046

東北

JR五能線
藤崎
ふじさき

お宝度 ★☆☆

五能線スタンプラリーイベントに合わせて製作され、岩木山の麓のリンゴ畑を横切るリゾート、キハ48形を採用。（2024年藤崎駅押印／常設）

キハ48形　リゾートしらかみ くまげら編成

リゾート唯一の国鉄キハ48形改造車で近く引退とのうわさも

JR秋田新幹線ほか
大曲
おおまがり

お宝度 ★☆☆

以前はE3こまちのデザインが変更されE6系に。平面スイッチバックをすることもこれでよくわかる。（2023年大曲駅押印／常設）

E6系新幹線こまち

JR東日本が所属する秋田新幹線用車両。7両×24編成が在籍

列車が刻まれた **駅スタンプ**

由利高原鉄道

矢島(やしま)

お宝度 ★☆☆

新型気動車YR3000形導入に際して新調されたもので、羽後本荘駅にも同系列のスタンプが確認されている。(2017年矢島駅押印／常設)

YR3000形
2012(平成24)年から2年かけて3両導入された新造車

お宝度 ★★★

開業当初から現存するスタンプで、2014(平成26)年までに引退した初代主力車YR1000・1500形列車が刻まれている。(2017年矢島駅押印／常設)

YR1000・1500形「おばこ」
国鉄矢島線から第三セクター化した際に導入された

JR五能線ほか

東能代(ひがしのしろ)

お宝度 ★★☆

五能線秋田側起点ともなる東能代。描かている橋梁は能代ー向能代間に架かる米代川橋梁だ。ネコの形がかわいい。(2022年東能代駅押印／常設)

キハ48形 リゾートしらかみ くまげら編成
五能線で運行される観光快速列車。このほかに青池、橅編成が活躍(写真／ピクスタ)

東北

JR山形新幹線など
米沢
よねざわ

お宝度 ★★★

旧塗装のE3系が描かれている貴重印だが、2024(令和5)年から導入が予定されているE8系の登場でデザインが変更されるかも？(2018年米沢駅押印／常設)

E3系新幹線「つばさ」
山形新幹線400系の後継車両として現在も活躍中

JR只見線
只見
ただみ

お宝度 ★☆☆

2022年10月、11年ぶりに水害から復旧した只見線、それに合わせて喜多方など磐越西線沿線及び福島などに普及したオリジナルスタンプだ。(2023年各駅押印／常設)

キハE120形
2008年新製導入され、只見線色や国鉄復刻色など塗装は多彩(写真／ピクスタ)

列車が刻まれた 駅スタンプ

福島交通
飯坂温泉
（いいざかおんせん）

お宝度 ★☆☆

"いいでん"と愛されているの飯坂電車。近年駅スタンプが一新され、飯坂温泉・桜水・曾根田・福島駅と4種設置された。（2023・2024年各駅押印／常設）

1000系
主力車両で東急1000系の中間車を先頭車改造した（写真／ピクスタ）

会津鉄道会津線
芦ノ牧温泉
（あしのまきおんせん）

お宝度 ★★☆

飯坂温泉とよく似ているこのスタンプは、東北地方の鉄道を応援するファンクラブ「みちのく鉄道応援団」からの寄贈。（2018年芦ノ牧温泉駅押印／窓口）

AT 600形
2005（平成17）年デビューの主力の軽快気動車

050

東北

今、押しておきたい 年代物スタンプ

JR五能線
木造（きづくり）
お宝度 ★★☆

亀ヶ岡遺跡から出土した土偶をモチーフに、1992（平成4）年に建てられた駅舎をもつ同駅を記念して置かれたもの。(2017年木造駅押印／窓口)

お宝度 ★☆☆

丸形も用意されており多少劣化が始まっている。片足がなくなっているのは出土した際の姿を再現しているため。「シャコちゃん」と呼ばれている。(2017年木造駅押印／窓口)

JR只見線
会津宮下（あいづみやした）
お宝度 ★☆☆

只見線といえば、名撮影地ともなっている第一只見川橋梁。それがデザインに採用されている珍品。でも最寄りは会津西方駅だ。(2018年会津宮下駅押印／常設)

JR山形新幹線ほか
高畠（たかはた）
お宝度 ★★☆

駅内に温泉施設や宿泊施設、またオリジナル駅弁も販売している洋風城の駅。山形新幹線開業時に製作。(2022年高畠駅押印／常設)

JR磐越西線
山都（やまと）
お宝度 ★★☆

こちらも名撮影地鉄橋がデザインされている例。1910（明治43）年架橋の一ノ瀬橋梁は「SLばんえつ物語」号も渡る。(2017年山都駅押印／窓口)

JRに隣接する津軽五所川原駅の切符売り場に常設している

津軽鉄道

津軽五所川原駅で大量のスタンプ発見!

> スタンプボーナス駅

中小私鉄では、主要駅に他駅の駅スタンプがまとめて保管されているケースがある。本州最北端に位置する私鉄、津軽鉄道津軽五所川原駅でなんと8個、金木駅に3個、津軽中里駅ではさらに重複する5つのスタンプと全駅のスタンプを押すことができる。

津軽五所川原
お宝度 ★★★

比較的新しい駅スタンプで他のデザインとはスタイルが異なる。恐らく立佞武多の太鼓台をモチーフにしたものだろう。(2018年五所川原駅押印／常設)

お宝度 ★★★

名産のリンゴをベースに1930(昭和5)年から運行している冬の風物詩ストーブ列車が描かれている。また乗りに行きたい。(2018年五所川原駅押印／常設)

五農高前
お宝度 ★★★

こちらは1974(昭和49)年開業で、五所川原農業高校最寄り駅として、鉄道職員が廃レールで手作りした駅だと聞く。(2018年五所川原駅押印／常設)

十川
お宝度 ★★★

よく見ると「駅」ではなく「停車場」とある。これは開設当初となる1961(昭和36)年頃の呼び方。このことから、かなり貴重だとわかる。(2018年五所川原駅押印／常設)

大沢内
お宝度 ★★★

十二湖に注ぐ鳥谷川に架かる津軽大橋が描かれている。実は円の下に駅名が刻まれているが、劣化がひどく写らない。(2018年津軽五所川原駅押印／常設)

川倉
お宝度 ★★★

毘沙門・嘉瀬・芦野公園駅は金木駅で保管、押印することができ、終着の津軽中里駅を含めると全駅のスタンプが存在する。(2018年津軽五所川原駅押印／常設)

津軽飯詰
お宝度 ★★★

「あすなろの家」とあるお城風建物は高楯城跡に建てられた資料館で、津軽飯詰駅が最寄りとなっている。(2018年五所川原駅押印／常設)

深郷田
お宝度 ★★★

その読み方から意味深な駅名だが、縄文時代から続く地名だという。こちらも「駅」でなく「停車場」となっている。(2018年津軽五所川原駅押印／常設)

津軽五所川原駅で押せるスタンプ8つ

東北

金木駅で押せるスタンプ3つ

金木（かなぎ）　お宝度 ★★★
太宰治ゆかりの地であり、唯一の列車交換駅となっている。(2022年金木駅押印／常設)

嘉瀬（かせ）　お宝度 ★★★
元スマップの香取慎吾さんと子供達が描いたキハが展示されている。(2022年金木駅押印／常設)

毘沙門（びしゃもん）　お宝度 ★★★
本州最北端の鉄道防雪林でも知られる無人駅。通過する列車もある。(2022年金木駅押印／常設)

金木駅では、毘沙門・嘉瀬・金木スタンプが、津軽中里駅では芦野公園・深郷田・大沢内・川倉・津軽中里スタンプを押すことができる。

津軽中里駅で押そう！

坪内寄贈　ストーブ列車スタンプ。2021(令和3)年12月1日津軽の冬の風物詩ストーブ列車の運行開始に合わせて、記念スタンプを製作寄贈している。

津軽中里駅で押せるスタンプ5つ

芦野公園（あしのこうえん）　お宝度 ★★★
東北きっての桜並木で知られる駅で旧駅舎も喫茶店として現役。(2022年津軽中里駅押印／常設)

津軽中里（つがるなかさと）　お宝度 ★★★
津軽鉄道終着駅で、グッズも販売されている。(2022年津軽中里駅押印／常設)

駅スタンプ Column

ウソのようなホントの話
駅スタンプよ何処へ……
坪尻駅スタンプの不思議な失踪劇

駅スタンプも旅に出たくなった？
2010（平成22）年2月、徳島県のJR土讃線で、秘境の駅として知られる坪尻駅設置の駅スタンプが紛失し、2ヶ月後に青森県のJR東日本津軽線中沢駅で発見されるという事件が起こった。

このスタンプは地元の住民グループ「おおぞら会」が2008（平成20）年に製作し寄贈した大切なスタンプで、発見した管轄駅である蟹田駅長から蟹田警察署、青森県警から徳島県警へ移送され、池田警察署を通じて坪尻駅の管轄駅である阿波池田駅長へ。そして報道陣や関係者が集まり、5月14日に帰還式が開かれ、往復2600kmにも及ぶ距離を経て、ようやく親元である「おおぞら会」へ返還された。

その後、事件は自作自演ではないかと波紋を呼び、当時、取材で頻繁に東北に赴いていた私まで疑われる始末。今はこうやって面白おかしく書いているが、これはれっきとした盗難事件である。こういう事は二度と起きてほしくない。

この時は無事に戻されたが、2019（平成31）年に再び盗難被害にあっている。返却を求む！

返還の日、秘境の駅に県内外の報道や警察、JR関係者約40人が集まり再設置を見守った

お気に入りデザインの**駅スタンプ**

JR越後線
吉田（よしだ）

お宝度 ★☆☆

描かれている隕石は1837（天保8）年に落下した日本第三位の大きさで知られる米納津隕石。現地には石碑が建てられ、石は国立化家具博物館に収蔵。（2023年吉田駅押印／窓口）

JR高崎線
深谷（ふかや）

お宝度 ★☆☆

1996（平成8）年に東京駅とそっくりに改築された深谷駅。東京駅の赤煉瓦を製造し1万円札の肖像になった渋沢栄一氏ゆかりの地だ。（2021年深谷駅押印／常設）

えちごトキめき鉄道
糸魚川（いといがわ）

お宝度 ★☆☆

左にある謎の点線は日本を二分する境界断層のことでフォッサマグナという。専門の博物館もある。（2017年糸魚川駅押印／窓口）

関東・甲信越

JR吾妻線
長野原草津口
（ながのはら くさつぐち）　お宝度 ★☆☆

草津温泉の湯もみの様子がよくわかるイラスト。「湯もみ」とは高温の源泉を、効能を落とさずにかき回すことで適温にする作業。(2017年長野原草津口駅押印／常設)

JR上越新幹線ほか
新潟
（にいがた）　お宝度 ★☆☆

新潟のライドマークである重要文化財指定の萬代橋に佇む遊女の姿に惚れる。新潟駅は西口・東口と2種スタンプがある。(2024年新潟駅押印　常設)

しなの鉄道
黒姫
（くろひめ）　お宝度 ★☆☆

小林一茶の故郷である信濃町のゆるキャラ「一茶くん」がかわいい。2015(平成27)年に開業した北陸新幹線で移管された際に製作。(2017年黒姫駅押印／窓口)

長野電鉄
信州中野
（しんしゅうなかの）　お宝度 ★★☆

日本アルプスに囲まれた地形と稲作地帯を生かした展開地図が、ワールド感があり、とてもユニーク。(2018年信州中野駅押印／窓口)

お気に入りデザインの 駅スタンプ

JR上越新幹線
上毛高原（じょうもうこうげん）
お宝度 ★☆☆

立体感のあるホタルのディテールに脱帽。駅から徒歩3分で行くことができるホタル観賞地は6月がシーズン。（2018年上毛高原駅押印／窓口）

JR高崎線など
高崎（たかさき）
お宝度 ★☆☆

高崎支社管内の駅スタンプは、丸形の黒で立体感のあるデザインに統一されている。とくに高崎白衣大観音は立体感がある。（2017年高崎駅押印／常設）

JR小海線
野辺山（のべやま）
お宝度 ★☆☆

こちらは長野支社管内にある駅スタンプ。63ページの長野駅でも記載したが、必ず標高を記載している。文字通り野辺山は断トツの標高。（2017年野辺山駅押印／窓口）

JR中央本線
岡谷（おかや）
お宝度 ★☆☆

標高と同時に記載されるのは駅の開業日。こちらは明治開業の岡谷駅のもの。岡谷太鼓は毎年8月に太鼓祭りを開催。（2017年岡谷駅押印／窓口）

関東・甲信越

東武鉄道鬼怒川線
鬼怒川温泉

お宝度 ★☆☆

温泉の町鬼怒川。川を展望する露天風呂はあっても、川には露天風呂はないはず。どう見ても川に入っているよう！（2017年鬼怒川温泉駅押印／窓口）

東武鉄道
浅草

お宝度 ★★☆

1931（昭和6）年築の関東初の百貨店併設したモダンな駅舎と浅草雷門の見事なコラボデザインに感服。（2023年　浅草駅押印　常設）

東武鉄道宇都宮線
おもちゃのまち

お宝度 ★★☆

玩具関連工場が1960年代に数多く誘致されたことから名付けられた町で駅名にも採用された珍駅名。デザインも楽しそう。（2019年おもちゃのまち駅押印／窓口）

お気に入りデザインの

秩父鉄道
小前田 <small>おまえだ</small> お宝度 ★☆☆

「おまえだ」で名高い珍名駅にもスタンプがある。創立100周年記念で製作されたもので、変形八角形は珍しい。(2019年小前田駅押印／窓口)

秩父鉄道
寄居 <small>よりい</small> お宝度 ★☆☆

こちらはゴシック体バージョン。秩父鉄道駅スタンプは細かい沿線紹介が特徴。右下のめくれたデザインにも注目だ。(2019年寄居駅押印／窓口)

秩父鉄道
御花畑 <small>おはなばたけ</small> お宝度 ★★★

羊山公園の芝桜が最寄りの御花畑駅は別名「芝桜駅」とも呼ばれ、提灯型スタンプ。手描き感がたまらない。(2018年御花畑駅押印／窓口)

関東・甲信越

都営地下鉄三田線
神保町（じんぼうちょう） お宝度 ★★☆

学士会館内に2015（平成27）年に建立された日本野球発祥の地のモニュメント。スタンプにも採用された。（2018年神保町駅押印／常設）

小湊鐵道
上総牛久（かずさうしく） お宝度 ★★★

国指定重要文化財となっている笠森観音最寄りの木造駅舎をもつ上総牛久。小判形で縦10cmもある大型だ。（2016年上総牛久駅押印／常設）

小湊鐵道
上総鶴舞（かずさつるまい） お宝度 ★★☆

数々のCMやドラマに登場する上総鶴舞駅は雰囲気のいい木造駅舎で、関東の駅百選にも選ばれている。（2018年上総牛久駅押印／常設）

列車が刻まれた 駅スタンプ

北越急行ほくほく線
くびき

お宝度 ★☆☆

直江津方の特徴ある蜘ヶ池高架橋を疾走する普通列車の姿を忠実に再現したデザイン。駅舎もインパクト大！(2019年くびき駅押印／常設)

HK100形

北越急行の主力車両。落雪防止のため保護金網を装着

えちごトキめき鉄道
上越妙高
（じょうえつみょうこう）

お宝度 ★★★

妙高山を背景に看板列車「雪月花」の存在感抜群のデザイン。さすが米どころ新潟！稲穂も取り入れている。
(2024年 上越妙高駅押印／窓口)

ET122形1000番台 雪月花
レストラン列車の代表格でもある観光列車。展望席も完備

関東・甲信越

えちごトキめき鉄道
二本木
にほんぎ

お宝度 ★☆☆

2015（平成27）年、えちごトキめき鉄道発足前日に廃止された名称付きの普通列車「妙高号」がスタンプでは未だ活躍している。(2017年二本木駅押印／常設)

189系「妙高号」
長野〜直江津間でJR信越本線時代に運行された普通列車

JR北陸新幹線など
長野
ながの

お宝度 ★☆☆

JR長野支社管内のスタンプには標高が記載されている。イラストは北陸新幹線の主力車E7系だが、以前は違った。(2018年長野駅押印／常設)

E7系新幹線「はくたか」など
2015（平成27）年北陸新幹線長野〜金沢間延伸開業時に製作

当時の主力であったE2系「あさま」号が描かれ、部分開業時の名称、長野新幹線とある。(2014年長野駅押印／常設)

E2系新幹線「あさま」
JR東日本が所有する新幹線車両。1997（平成9）年デビュー

063

列車が刻まれた 駅スタンプ

JR上越線
水上（みなかみ）
お宝度 ★★☆

2008（平成20）年から高崎と水上間を運行している「SLみなかみ」号。西の「SLやまぐち」、東の「SLみなかみ」。まさにSLのパイオニア。（2018年水上駅押印／常設）

D51形498号機
1988（昭和63）年復活。運行当初から牽引を担当していた

C61形20号機
2011（平成23）年復活。「みなかみ」号ほか「碓氷峠」号なども牽引

谷川岳 水上温泉 上越線 水上駅

JR信越本線
横川（よこかわ）
お宝度 ★★☆

国重文指定の碓井第三橋梁、通称「めがね橋」と、かつて同線の補機として活躍した機関車。双方とも健在で大切に保存。（2018年横川駅押印／常設）

EF63形電気機関車
横川〜軽井沢間の補助機として活躍。愛称「峠のシェルパ」と呼ばれていた

めがね橋 EF63 信越本線 横川駅

関東・甲信越

長野電鉄
長野
（ながの）

お宝度 ★★☆

地下駅である長野駅で出発を待つ1000系特急「ゆけむり」を忠実に描いている。小布施駅にはアノ列車が！（2021年長野駅押印／常設）

長電1000系
もと小田急ロマンスカー10000系HiSE。塗装もそのままに活躍中

東武鉄道鬼怒川線
鬼怒川
温泉
（きぬがわ）
（おんせん）

お宝度 ★★☆

看板特急100系「スペーシア」が色濃く残るスタンプ。500系「リバティー」の登場で、より貴重になりつつある。（2017年鬼怒川温泉駅押印／常設）

100系「スペーシア」
1990（平成2）年にデビューした特急車両。個室も備える

列車が刻まれた **駅スタンプ**

アルピコ交通上高地線
新村
にいむら

お宝度 ★★☆

アルピコ車両シリーズのひとつ。2000（平成12）年まで主力として活躍した5000系（元東急5000系）は2両が保存された。（2017年新村駅押印／常設）

5000系
その色と顔立ちから通称「アオガエル」。新村駅内で保存

JR小海線
甲斐大泉
かいおおいずみ

お宝度 ★★☆

全通80周年を迎えた2015（平成27）年、スタンプラリー用に小海線内13駅に登場した。同線のエース、C56形がモチーフ。（2017年甲斐大泉駅押印／窓口）

C56形 蒸気機関車
愛称は「ポニー」。清里駅前にC56形149号機が保存されている

アルピコ交通上高地線
新島々
しんしましま

お宝度 ★☆☆

こちらは現有車両3000系が描かれている。このシリーズは波田駅にもあり、1986（昭和61）年まで活躍したモハ10形もある。（2015年新島々駅押印／窓口）

3000形
現在の主力車。元京王3000系を2両化

関東・甲信越

関東鉄道竜ヶ崎線
竜ヶ崎
お宝度 ★★★

全長4.5km、3駅という関東屈指のミニ路線。2020（令和2）年に常磐線の佐貫駅が龍ケ崎市駅に改名。スタンプ内、行き先表示の「佐貫」が貴重に。（2015年竜ヶ崎駅押印／常設）

キハ2000形
1997（平成9）年新潟鐵工所製作気動車。2両が在籍

埼玉新都市交通
鉄道博物館
お宝度 ★★☆

大宮駅からアクセスする鉄道博物館駅にも駅スタンプが存在する。モデルの車両はリニューアル前の1000系。（2018年鉄道博物館駅押印／窓口）

1000系
1983（昭和58）年開業から活躍後引退した

列車が刻まれた **駅スタンプ**

鹿島臨海鉄道
大洗
おおあらい

お宝度 ★★★

この鉄道の主でもある6000形が描かれたシンプルなデザインが気持ちいい。このほかにも絵柄モノもある。(2021年大洗駅押印／窓口)

鹿島臨海鉄道 6000形
1985(昭和60)年開通時に導入。形式名は導入年の昭和60年が由来

JR信越本線ほか
新津
にいつ

お宝度 ★★☆

車両製造工場や博物館もある鉄道の町、新津にあってC57形は町のシンボル的存在。そりゃスタンプにもなります。(2022年新津駅押印／常設)

蒸気機関車 C57形180号機
新津の小学校で保存されていたのを復活し、「SLばんえつ物語」号で活躍

JR上越新幹線ほか
越後湯沢
えちごゆざわ

お宝度 ★☆☆

一番日本酒が似合うイメージをもつ越後湯沢。スタンプにもそれが反映されている。なお、駅内に専門店がある。(2023年越後湯沢駅押印／常設)

E7系新幹線
上越新幹線とき・たにがわとして2018年から運用に就いている

関東・甲信越

JR常磐線
勝田
かつた

お宝度 ★☆☆

絶景とは国営ひたち海浜公園のことで、勝田駅にはひたちなか海浜鉄道が乗り入れており、その絶景に接続している。(2021年勝田駅押印／窓口)

E657系
2012年ひな祭りの日にデビュー現在特急ひたち・ときわで活躍

箱根登山鉄道
箱根湯本
はこねゆもと

お宝度 ★☆☆

簡略し過ぎて主要機器であるパンタグラフまで省略してしまった内燃車風の箱根登山鉄道。形状から2000系と予想。(2018年箱根湯本駅押印／常設)

2000系
初の冷房車として1989(平成元)年に製造された車両

今、押しておきたい 年代物スタンプ

上毛電気鉄道
中央前橋
（ちゅうおうまえばし）
お宝度 ★★★

かなり劣化が進んでいるが、背後にあるのは赤城山。「緑と川のある街　県都前橋」と書いている。存在危うし。(2021年中央前橋駅押印／窓口)

駅弁店スタンプ発見

信越本線横川駅前
荻野屋本店
（おぎのやほんてん）
お宝度 ★★★

世にも珍しい駅弁店のスタンプを発見。しかもアノ「峠の釜めし」で有名な荻野屋本店である。これは立ち寄りたいところ。(2022年荻野屋本店内押印／常設)
※飲食店です。スタンプだけ押すのはやめましょう

JR上越新幹線
ガーラ湯沢
（ゆざわ）
お宝度 ★★☆

スキーシーズンのみの臨時駅で新幹線にも関わらず、在来線駅扱いという異質な駅にもスタンプはある。(2018年ガーラ湯沢駅押印／常設)

JR八高線
寄居
（よりい）
お宝度 ★★★

1977(昭和52)年に国鉄が全国297駅に設置した「一枚のキップから」のひとつ。状態もよく保存されている。(2019年寄居駅押印／窓口)

関東・甲信越

JR山手線・東北新幹線など
上野 (うえの)
お宝度 ★★★

新幹線のりかえ口のみどりの窓口には3つの貴重スタンプが存在。上野動物園のパンダに200系新幹線の外枠は斬新！（2016年上野駅押印／窓口）

お宝度 ★★★

発見した時は手が震えるほど興奮した逸品。1985（昭和60）年東北新幹線上野駅開業時のもの。200系新幹線がカッコいい。（2016年上野駅押印／窓口）

JR青梅線
御嶽 (みたけ)
お宝度 ★☆☆

国鉄時代継承スタンプのひとつ。御嶽山の登山口にあり威厳ある木造駅舎には2種のJRデザインも確認。（2018年御嶽駅押印／窓口）

JR御殿場線
御殿場 (ごてんば)

お宝度 ★★☆

JR東海が製作した今や希少となったスタンプ。かなり劣化が進んでおり、いつ廃棄されるか心配になる。（2017年御殿場駅押印／窓口）

都営地下鉄新宿線
岩本町 (いわもとちょう)

お宝度 ★★☆

地下鉄駅にスタンプがあるのは珍しい。都営地下鉄にはほぼ全ての駅にスタンプが設置。改札が多いので、探すのにひと苦労。（2017年岩本町駅押印／常設）

駅スタンプ *Column*

記念入場券にみる駅スタンプの世界

ご当地入場券でみつけた幻の小幌駅スタンプはたしてその正体は!?

駅スタンプは、その駅の顔というべき存在だ。それを証明するように、記念きっぷにスタンプの絵柄が紹介されることがある。JR北海道が沿線地域101の自治体とタッグを組み、2017（平成29）年夏から2年間販売されたご当地入場券。累計約80万枚を売り上げるヒット商品となった。私もうっかり手を出してしまい1年かけてコンプリートした。きっぷのデザインに駅スタンプが採用されていたからである。
そのなかで気になるものがあった。

日本を代表する秘境駅、室蘭本線小幌駅のきっぷだ。特徴であるトンネルすぐのホームに停車するキハ150形が描かれたスタンプがデザインされていた。駅は無人なので、きっぷの販売は町内の温泉施設や別駅の観光案内所で行われていたが、当該スタンプはなかった。役場に聞いてみると、デザイン上製作したものでスタンプは存在しないという。予想はしていたものの、デザインまであるのにもったいない。製作、寄贈……。またよからぬ思いつきが頭をよぎる。

「JR北海道 わがまちご当地入場券」。現在は全86種からなる「北の大地の入場券」を発売。前回に続き、スタンプ柄を採用

これが幻の小幌駅駅スタンプ。地元・豊浦町にも製作してほしいと要望したことがある

国鉄時代に発売されていたスタンプ柄の記念きっぷ。駅スタンプシリーズもあった

お気に入りデザインの

JR七尾線
七尾
ななお
お宝度 ★☆☆

観光列車の名にも採用された「花嫁のれん」はこの地域特有の婚礼に使用する特別な暖簾のこと。デザインがわかりにくい。（2020年七尾駅押印／窓口）

のと鉄道七尾線
穴水
あなみず
お宝度 ★☆☆

能登半島をぐるりと囲っていた長い路線も、廃止でずいぶん短くなったと痛感するスタンプ。当駅には希少な車両も保存。（2020年穴水駅押印／常設）

JR七尾線
羽咋
はくい
お宝度 ★☆☆

このあたりに伝わる怪火「そうはちぼん」の存在もありUFOで町おこしをしている。できればUFO型のスタンプも希望。（2020年羽咋駅押印／窓口）

JR七尾線
高松
たかまつ
お宝度 ★★☆

ザ・シンプルなデザインが潔い。同じJRでありながら旧国名を冠しない香川県・高松と同名の駅は珍しい。嗚呼、葡萄が食べたくなった。（2020年高松駅押印／窓口）

東海・北陸

IRいしかわ鉄道
倶利伽羅
（くりから）　お宝度 ★★★

元々JR駅でこの鉄道になってから初めて駅スタンプが設置されたが、盗難にあってしまった。利用者のモラルが問われる一例。(2016年倶梨伽羅駅押印／常設)

JR氷見線
雨晴
（あまはらし）　お宝度 ★★☆

同駅を管理している地元観光協会・振興会で製作設置されたスタンプ。雨晴海岸周辺の名所が細やかに記載されている。(2019年雨晴駅押印／窓口)

JR高山本線
越中八尾
（えっちゅうやつお）　お宝度 ★★☆

数少ない高山本線駅スタンプのひとつ。踊り子さんの姿が描かれている。(2017年越中八尾駅押印／窓口)

JR氷見線
越中中川
（えっちゅうなかがわ）　お宝度 ★☆☆

城端・氷見線活性化推進協議会製作のスタンプ。1916(大正5)年築の木造駅舎は、地元高校生によってカラフルに彩られている。(2020年越中中川駅押印／窓口)

お気に入りデザインの駅スタンプ

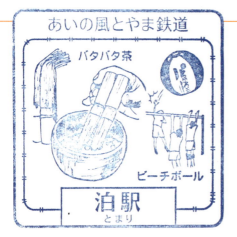

あいの風とやま鉄道
越中宮崎
えっちゅうみやざき
お宝度 ★☆☆

タラ汁は付近の国道沿線に多く店を構えるぐらいの名物。鍋ごと出す有名店もあり、その様子が描かれている。(2020年越中宮崎駅押印／窓口)

あいの風とやま鉄道
泊
とまり
お宝度 ★☆☆

スタンプには、その土地ならではの名産や名所が紹介されている。バタバタ茶は、後発酵の黒茶のこと。気になる。(2020年泊駅押印／窓口)

あいの風とやま鉄道
小杉
こすぎ
お宝度 ★☆☆

1930(昭和5)年に完成した商船学校の練習船海王丸が描かれている。現在は海王丸パーク内に展示保存されている。(2020年小杉駅押印／窓口)

あいの風とやま鉄道
黒部
くろべ
お宝度 ★☆☆

気になる「つべつべ姉妹」は宇奈月温泉のPRキャラクターで女将修業をしながら毎日温泉に入っている姉妹。(2020年黒部駅押印／窓口)

あいの風とやま鉄道
越中大門
えっちゅうだいもん
お宝度 ★☆☆

この鉄道のスタンプはどれも一見地味に見えるが、よく見ると気になるワードや名物がさりげなく盛り込まれている。(2020年越中大門駅押印／窓口)

東海・北陸

JR城端線
城端（じょうはな）
お宝度 ★★☆

活性化推進協議会製作のスタンプ。徒歩2時間半という縄ヶ池水芭蕉と敬老の日前後で行われる「むぎや祭り」を紹介。（2020年城端駅押印／窓口）

黒部峡谷鉄道
欅平（けやきだいら）
お宝度 ★★☆

宇奈月駅からトロッコ列車に揺られこと1時間18分。アクセスはこの列車のみという秘境の駅。野生のサルにも出会える。（2015年欅平駅押印／常設）

JR小浜線
小浜（おばま）
お宝度 ★★★

アメリカ大統領オバマ氏就任時に何かと話題になった小浜。JR公式の駅スタンプで同線にのこる唯一のスタンプ。（2019年小浜駅押印／常設）

JR小浜線
三方（みかた）
お宝度 ★★☆

縦横2.5cmという小型スタンプ。そんな小さなキャンバスに見事に描かれたレインボーライン山頂公園からの三方五湖！（2019年三方駅押印／窓口）

お気に入りデザインの駅スタンプ

明知鉄道
恵那(えな)
お宝度 ★★☆

国鉄明知線を1985(昭和60)年に引き継いだ第三セクター線。星の代わりに外枠を破線で囲む特徴をもつ。(2018年恵那駅押印／窓口)

JR東海道本線
掛川(かけがわ)
お宝度 ★★☆

掛川のランドマーク掛川城と円形を見事に組み合わせた、押しがいのあるスタンプ。左右の雲ラインの配置も絶妙。(2017年掛川駅押印／常設)

JR東海道新幹線
新富士(しんふじ)
お宝度 ★★☆

JR東海でも静岡県内の駅はデザインが緻密で美しいものが多い傾向がみられる。かぐや姫と月明かりの富士山は見事。(2018年新富士駅押印／常設)

東海・北陸

JR東海道本線
弁天島（べんてんじま）
お宝度 ★★★

潮干狩りの様子はもちろんのこと、手前にある熊手と埋もれる貝の配置に思わず行ってみたい衝動にかられる。(2016年弁天島駅押印／窓口)

JR関西本線
伊賀上野（いがうえの）
お宝度 ★★☆

JR西日本になるとJR東海とまた違う城のタッチが面白い。忍者の下に描かれた斜線が西日本特有の奥行きを演出。(2017年伊賀上野駅押印／窓口)

JR名松線
家城（いえき）
お宝度 ★★☆

おそらく一志駅と同様、地区町村協議会で製作されたものであるが、地区によってこれだけデザインに差があるのも楽しい。(2017年家城駅押印／窓口)

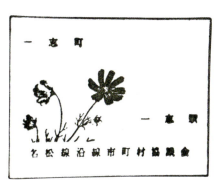

JR名松線
一志（いちし）
お宝度 ★★★

地方テレビ局の「しばらくおまちください。」を連想させるシンプルさがたまらない。描かれているのは秋桜というのもいい。(2017年一志駅押印／窓口)

列車が刻まれた **駅スタンプ**

黒部渓谷鉄道
宇奈月
（うなづき）

お宝度 ★★☆

宇奈月駅を出発してすぐの新山彦橋を簡略に描いたデザインだが、正確には宇奈月駅に向けて帰ってきている。(2019年宇奈月駅押印／常設)

ED形電気機関車
6形式にも分散する専用機関車。客車の他ダム関連の貨車も牽引

JR北陸新幹線
黒部
宇奈月温泉
（くろべ うなづきおんせん）

お宝度 ★☆☆

2015（平成27）年に開業した際に製作されたもので、黒部峡谷鉄道・新山彦橋を渡る姿をローアングルで再現。(2019年黒部宇奈月温泉駅押印／窓口)

黒部峡谷鉄道トロッコ列車
毎年4月下旬から11月まで運行される観光トロッコ列車

東海・北陸

あいの風とやま鉄道
東滑川(ひがしなめりかわ)
お宝度 ★★☆

北陸新幹線開業時に北陸本線から移管された駅。立山連峰を背景に走行する風景を描いている。(2017年東滑川駅押印／窓口)

521系
JR・IRいしかわ鉄道と同系列となる。開業にあわせ主力導入

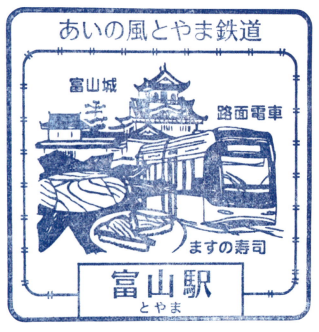

あいの風とやま鉄道
富山(とやま)
お宝度 ★★☆

開業日に間に合わず、後日設置された。同鉄道スタンプは全て縦横6cmと小さいものの細部にこだわりを感じる。(2017年富山駅押印／窓口)

富山地方鉄道デ9000形
通称セントラムと親しまれている低床型路面電車

列車が刻まれた **駅スタンプ**

北陸鉄道
北鉄金沢
（ほくてつかなざわ）

お宝度 ★★☆

北陸鉄道浅野川線には内灘と2カ所に駅スタンプを確認。描かれているのは引退した8000系が並ぶ。（2022年北鉄金沢駅押印／窓口）

北鉄8000系
もと京王井の頭線3000系で2022年に同線から引退した

IRいしかわ鉄道
金沢駅IRお客さまカウンター
（かなざわえきあいあーるきゃく）

お宝度 ★★☆

北陸新幹線金沢開通に伴い、誕生した第三セクターIRいしかわ鉄道。全国唯一の駅ではなくお客様カウンターと表示（2021年金沢駅IRお客さまカウンター押印／常設）

IR521系 JR西日本521系同等の仕様で5編成が在籍。サイドの帯色も違う

東海・北陸

樽見鉄道
神海
こうみ
お宝度 ★★☆

かつては駅内に昭和レトロな喫茶店があったが、現在は「樽鉄シアン」という地元サロンでスタンプを管理している。（2018年神海駅押印／店内）

ハイモ230形

1985（昭和60）年に導入されたレールバス。現在は引退

名古屋臨海高速鉄道あおなみ線
金城ふ頭
きんじょう　とう
お宝度 ★★☆

同鉄道で確認できる唯一の駅スタンプ。名港中央大橋を抜けると終着となる金城ふ頭駅となり、リニア館やレゴランドが駅を囲む。（2019年金城ふ頭駅押印／窓口）

1000形
2004（平成16）年開業当初から活躍する主力車。38両在籍

JR東海道本線（琵琶湖線）など
米原
まいばら
お宝度 ★★☆

JR西日本と東海の境界駅。伊吹山を背景に大阪方面に向かう東海道新幹線が描かれ、実際に存在する風景をイラスト化。（2020年米原駅押印／常設）

N700系新幹線

主力車。モデルとなった風景は近江長岡駅が最寄り

083

列車が刻まれた **駅スタンプ**

近畿日本鉄道湯の山線
湯の山温泉
お宝度 ★★★

今はなき往年の特急「ビスタカー」が堂々と描かれている逸品。現在は定期の特急列車はなく夏季に臨時運行されるのみ。(2019年湯の山温泉駅押印／窓口)

湯の山特急
1965(昭和40)年から2004(平成16)年まで運行された直通特急

JR名松線
伊勢奥津
お宝度 ★☆☆

JR東日本長野支社スタイルを手本にしたものと推測。今も色濃く残る給水塔は名張延伸への貴重な鉄道遺産。(2017年伊勢奥津駅押印／窓口)

キハ11形気動車
名松線で活躍する一般型気動車。全列車ワンマン運転

お宝度 ★★☆

地元自治体で製作されたものと推測。車両は妙にキハ30形に似ている。ちなみに過去に同線への入線実績もある。(2017年伊勢奥津駅押印／窓口)

キハ30形
1963(昭和38)年から66(同41)年までに106両製造

084

東海・北陸

祝 北陸新幹線敦賀延伸開業！
新幹線駅に新たに駅スタンプが登場

2024年3月16日に金沢から、さらに西の福井県敦賀まで北陸新幹線が延伸開業した。この開業により、並行在来線は第三セクター方式の新会社に引き継がれ、JR北陸本線の歴史に幕を閉じた。そして駅スタンプも大きく変化した。

金沢（かなざわ）
お宝度 ★☆☆

これまでJR北陸本線名であったが、デザインそのままに名称のみ変更された。名所である兼六園が描き掛けている。（2024年金沢駅押印　常設）

福井（ふくい）
お宝度 ★☆☆

駅スタンプファンにとってこの駅は1931年に初めて駅スタンプを設置した、まさに聖地。こちらも絵柄は変更なし。（2024年福井駅押印　窓口）

敦賀（つるが）
お宝度 ★★☆

新幹線終着となった敦賀。こちらもデザイン的には変更なしで新調された。また引退かと思われていた北陸本線版も在来線窓口で健在だ。（2024年敦賀駅押印　窓口）

越前たけふ（えちぜん）
お宝度 ★★☆

この駅のみ在来線と別に造られた新しい駅で「これでもか!」と気合の入った細かなデザインが施されている。（2024年越前たけふ駅押印　窓口）

並行在来線にも駅スタンプに変化

旧北陸本線も石川県側はＩＲいしかわ鉄道、福井県側は敦賀〜大聖寺間で新たに発足したハピラインふくいが引き継いだ。現在ハピライン駅は2024年9月20日より5駅に設置・ＩＲいしかわ鉄道は主要駅に駅スタンプが設置しているのを確認した。駅スタンプ発祥の地・福井。ぜひ駅スタンプの設置を望む。

絵柄も新たに設置されたＩＲいしかわ鉄道松任駅の駅スタンプ

今、押しておきたい 年代物スタンプ

伊勢鉄道
鈴鹿（すずか）
お宝度 ★★☆

名松線一志駅など三重県で比較的見られるザ・シンプルスタンプのひとつ。嫌いじゃない。（2022年鈴鹿駅押印／窓口）

JR東海道本線
蒲郡（がまごおり）
お宝度 ★★★

これは貴重！JR東海が設置した駅スタンプでもこの駅は変形スタンプであり、駅名を右読みとするどことなく昭和初期のテイスト。（2022年 蒲郡駅押印／窓口）

JR東海道本線
大垣（おおがき）
お宝度 ★★☆

名古屋駅などJR東海管内で駅スタンプの撤去が進んでいるなか、残存しているひとつ。ある意味、予断を許さないスタンプだ。（2018年大垣駅押印／窓口）

JR小浜線
加斗（かと）
お宝度 ★★★

一瞬、郵便の風景印にも見える。スタンプは構内の理髪店が管理しているが、店休日が多く、押すのにやや難。（2019年加斗駅押印／店内）

JR東海道新幹線
岐阜羽島（ぎふはしま）
お宝度 ★★☆

新幹線駅は比較的現存が多く確認されているが、スタンプ台のいらないインク浸透印を使っているため長くは保たない。（2017年岐阜羽島駅押印／窓口）

東海・北陸

JR紀勢本線
松阪(まつさか)
お宝度 ★★★

かなり劣化が進んでいることで存在が危ぶまれているスタンプのひとつ。恐らく更新はしないと思われる。(2019年松坂駅押印／窓口)

JR関西本線
四日市(よっかいち)
お宝度 ★☆☆

夏季に開催される大四日市祭りで披露される大入道の山車をイラスト化。関西線では比較的美しい印影を残している。(2019年四日市駅押印／窓口)

近畿日本鉄道志摩線 鳥羽線
賢島(かしこじま)
お宝度 ★★☆

ハマユウが咲く横に古墳に見えてしまう右側のモノは、アコヤ貝と真珠。世界初の養殖真珠に成功した地である。(2017年賢島駅押印／常設)

近畿日本鉄道志摩線 鳥羽線
鳥羽(とば)
お宝度 ★★☆

鳥羽～伊良湖間を航行する伊勢湾フェリーをデザインに採用しているのは、近鉄が出資に関わっている事情もある。(2017年鳥羽駅押印／窓口)

駅スタンプ Column

キラ星のような期間限定スタンプ
平成の終わりに一瞬輝いた駅スタンプ物語

駅スタンプは、時にキラ星の如く設置されることがある。JR九州豊肥本線に「平成駅」がある。住宅街にある地味な駅だが、2019（令和元）年は平成から令和への改元の年。注目されないわけがない。小さなきっぷ券売機には連日、大勢の人が並び、170円の入場券が飛ぶように売れ、駅は大混乱。なかでも無料で押印することができた駅スタンプは人気の的で、入場券とセットで販売する輩まで出没した。それも今となっては幻である。平成、ありがとう。

平成スタンプが設置されていたのは約半年だったという。今となっては貴重なショット

平成駅・昭和タクシーの看板、そして自販機の大正製薬のスリーショット！

文字のみのシンプルなデザインだが、これに人々は熱狂した。現在は撤去されている

お気に入りデザインの 駅スタンプ

JR山陰本線
城崎温泉
（きのさきおんせん）　お宝度 ★☆☆

平安時代以前から知られていたという古い歴史をもつ、文学と温泉の町城崎温泉街の玄関口。浴衣美人の後ろ姿に惚れてしまう。(2020年城崎温泉駅押印／常設)

JR山陰本線
竹野
（たけの）　お宝度 ★☆☆

日本海沿岸に生息し、地域では魔除けとして重宝されるハリセンボン。付近の海岸には、よく膨らんだハリセンボンがうち上がるとか。(2020年竹野駅押印／窓口)

JR山陰本線
豊岡
（とよおか）　お宝度 ★☆☆

コウノトリが落としていったものは、名産の鞄でした。駅ホームには全国でも珍しい鞄の自動販売機が設置されている。(2020年豊岡駅押印／窓口)

北条鉄道
法華口
（ほっけぐち）　お宝度 ★★☆

レトロ感あるシックなデザインは昭和初期に流行った図柄をオマージュしたもの。旧漢字の「驛」を使うこだわり。(2017年法華口駅押印／窓口)

近畿

JR播但線
溝口(みぞぐち)
お宝度 ★★☆

「廃寺跡がある駅」というコピーに驚いたが、溝口廃寺跡は県指定史跡で約1350年前に創建された貴重な遺構だそうな。(2019年溝口駅押印／窓口)

JR山陽本線など
姫路(ひめじ)
お宝度 ★☆☆

やはり姫路といえば姫路城。時代劇「暴れん坊将軍」で登場する江戸城は、この姫路城だ。描写が細やかである。(2020年姫路駅押印／常設)

JR東海道本線など
京都(きょうと)
お宝度 ★☆☆

京都駅を囲むように建つ国宝・東寺五重塔と京都タワー。京都駅を見せるために遠近がデフォルメされているのがいい。(2020年京都駅押印／常設)

大阪モノレール
大阪空港(おおさかくうこう)
お宝度 ★★☆

イラストタッチな飛行機がかわいい。文字通り大阪空港最寄りの駅。モデルはルフトハンザドイツ航空？(2018年大阪空港駅押印／窓口)

お気に入りデザインの**駅**スタンプ

JR大阪環状線
福島
ふくしま　　　お宝度 ★☆☆

大阪環状線の駅撮りでも知られた福島。思わず「へえ～」と納得するトリビアスタンプ。それにしても福沢諭吉さん、よく似ている。(2019年福島駅押印／常設)

JR大阪環状線
森ノ宮
もりのみや　　　お宝度 ★☆☆

前ページの姫路城とは違い、存在感がある描き方と西日本特有の斜線の使い方が爆発したインパクトあるデザイン。(2018年森ノ宮駅押印／常設)

JR大阪環状線
玉造
たまつくり　　　お宝度 ★☆☆

真田家の家紋「六文銭」がひと際目立つ。真田幸村ゆかりの地であり、駅近くには幸村像が立つ、三光神社がある。(2018年玉造駅押印／常設)

JR大阪環状線など
新今宮
しんいまみや　　　お宝度 ★☆☆

JR西日本名物、名所が多いから詰めるだけ詰め込みましたシリーズのひとつ。幸運の神様ビリケンさんも鎮座。(2020年新今宮駅押印／常設)

近畿

近畿日本鉄道吉野線
吉野
よしの
お宝度 ★☆☆

郵便の風景印風デザイン。平安時代には知られていたというわが国最古となる桜の名所。桜に囲まれた蔵王堂が描かれている。(2018年吉野駅押印／窓口)

南海電鉄高野線
極楽橋
ごくらくばし
お宝度 ★★☆

南海電鉄鋼索線の駅にあるスタンプは劣化がひどく、最近になってデザインはそのままに再製作された復活印。(2019年極楽橋駅押印／常設)

和歌山電鐵
貴志
きし
お宝度 ★★☆

全国唯一、ネコ型駅舎の貴志駅。ネコ駅長で一躍有名となり、危機的状況だった鉄道を再生に導いた「たま駅長」の神社もある。(2019年貴志駅押印／常設)

JR紀勢本線
和歌山
わかやま
お宝度 ★★☆

森ノ宮駅の大阪城とはまた違った印象をもつ和歌山城のタッチ。斜線があるのとないので、こんなに変化する。(2020年和歌山駅押印／常設)

JR紀勢本線
海南
かいなん
お宝度 ★☆☆

和歌山マリーナシティは和歌山湾に造られた人工島のことで、地中海をイメージしたリゾート施設や温泉がある。(2019年海南駅押印／窓口)

お気に入りデザインの駅スタンプ

JR紀勢本線
南部
みなべ

お宝度 ★☆☆

梅の産地であり梅干しが名産である南部。やたら「の」が入っているのが妙に気になるが、シンプルなデザインがわかりやすい。(2018年南部駅押印／窓口)

JR紀勢本線
新宮
しんぐう

お宝度 ★☆☆

一瞬渓谷を走る列車に見えるが、これは瀞峡の観光筏下りの様子。丸太を組んだだけの筏で激流を下る。(2019年新宮駅押印／窓口)

ポートライナー
三宮
さんのみや

お宝度 ★★★

どことなく津軽鉄道版昭和テイストのデザイン。新交通であるポートライナーにも駅スタンプが存在。(2020年三宮駅押印／窓口)

JR紀勢本線
白浜
しらはま

お宝度 ★☆☆

上野駅と違い、リアルを追求したパンダ。上のコピーを含めて見ると、パンダが温泉に浸かっているように見える！(2020年白浜駅押印／常設)

近畿

列車が刻まれた 駅スタンプ

京都丹後鉄道宮豊線
久美浜
くみはま

お宝度 ★☆☆

京都丹後鉄道では近年主要駅の駅スタンプを一新し、ネコの独り言付きオリジナルデザインに統一された。（2021年久美浜駅押印／窓口）

KTR8000形
特急丹後の海としても活躍。JR京都駅への乗り入れも行っている

京福電気鉄道嵐山本線
嵐山
あらしやま

お宝度 ★☆☆

足湯も備える観光スポットでもある嵐山駅。あまり一般的ではないパープル塗装の色は、正式には「京紫」という。（2020年嵐山駅押印／常設）

モボ611形電車
7年かけて611・621・631形と計14両導入した主力車

JR山陰本線
福知山
ふくちやま

お宝度 ★★☆

老朽化により2022（令和4）年度内に福知山城公園内への移転が決まった福知山鉄道館ポッポランド。2号館に展示中で、モデルともなったSLの運命は？（2019年福知山駅押印／常設）

C58形蒸気機関車56号機
1970（昭和45）年まで福知山機関区に所属していた

列車が刻まれた駅スタンプ

京阪電気鉄道
樟葉(くずは)
お宝度 ★☆☆

京阪電車設置の駅スタンプは全てこの形で統一。さりげなく一般車主力となる最新電車を登場させている。(2019年樟葉駅押印／常設)

13000系電車
77両を保有する一般主力車。消費電力を大幅に抑えた

JR山陰本線
梅小路京都西(うめこうじきょうとにし)
お宝度 ★★☆

2019(平成31)年に開業した京都鉄道博物館最寄りの新駅。見所があり過ぎた結果、デザインがモノスゴイことに。(2019年梅小路京都西駅押印／窓口)

C61形蒸気機関車2号機
1948(昭和23)年製造。梅小路蒸気機関車博物館で動態保存

大阪モノレール
南摂津(みなみせっつ)
お宝度 ★★☆

描かれているのは、今はなき300系と700系新幹線。摂津～南摂津間の車窓で見ることができる新幹線基地を描いたもの。(2019年南摂津駅押印／常設)

新幹線 鳥飼車両基地
東海道・山陽新幹線車両の車庫と工場を備えた車両基地

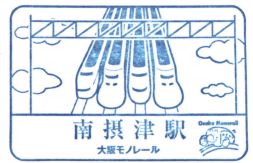

近畿

JR東海道新幹線など
新大阪
しんおおさか

お宝度 ★☆☆

新幹線位置が、交差する在来線方向に走っていると一部ファンで話題となった。いずれはN700Sに置き換わるのか？（2019年新大阪駅押印／常設）

N700系新幹線

東海道・山陽新幹線の主力だが、後継の「S」が登場

JR大阪環状線
西九条
にしくじょう

お宝度 ★★☆

以前はＵＳＪラッピングの103系柄だった西九条。予想していた通り新型323系に変更された。（2024年西九条駅押印／窓口）

323系

2013年に導入された大阪環状線専用車。これにより103・201系が引退した

列車が刻まれた **駅スタンプ**

JR大阪環状線
弁天町
べんてんちょう
お宝度 ★★★

かつて交通科学博物館が隣接していた駅で、地下鉄中央線が上階で立体交差しているという特殊な構造をしている。（2019年弁天駅押印／常設）

201系電車
2019（平成31）年に大阪環状線から引退した国鉄型車両

大阪市交通局20系
1984（昭和59）年から活躍する通勤用地下鉄電車

南海電鉄
難波
なんば
お宝度 ★★☆

難波駅には2つの駅スタンプを確認。なんと2階改札と3階駅長室にあり、このスタンプは3階のデザイン。（2024年南海難波駅押印／常設）

50000形特急ラピート
難波と関西空港を結ぶアクセス特急。ラピートとはドイツ語で「速い」

098

近畿

叡山電鉄
出町柳
でまちやなぎ

お宝度 ★★☆

2019(平成31)年ごろに700系ひえいのデビュー後に新調・設置された。隣接する京阪の駅にかなり気を使っている。(2022年出町柳駅押印／常設)

700系ひえい
2018年に700系1両を改造しデビューした奇抜な顔が特徴

900系きらら
展望席を設けた鞍馬本線で活躍する看板車両。2編成在籍

JR関西空港線
関西空港
かんさいくうこう

お宝度 ★★☆

281系関空特急「はるか」号がデザインされている。2024(令和6)年以降新型車271系等に置き換える計画が発表された。(2018年関西空港駅押印／常設)

281系特急形電車
1994(平成6)年から導入された特急「はるか」専用車。63両在籍

列車が刻まれた **駅スタンプ**

信楽高原鉄道
信楽
しがらき

お宝度 ★★☆

沿線唯一駅スタンプを確認した信楽駅は駅前からホームに至るまで信楽焼のタヌキで占領されている。(2023年信楽駅押印／常設)

SKR500形
2017年にデビューした1形式1両が在籍。色も信楽焼をイメージ

北条鉄道
北条町
ほうじょうまち

お宝度 ★★☆

元国鉄北条線からの第三セクター。国鉄タイプのデザインが色濃く引き継がれている。車庫も備えるため、この状態が実現していた。(2017年北条駅押印／窓口)

2000形
うち1両は同型の三木鉄道からの譲渡車

1985形
先代主力車で引退後、紀州鉄道へ譲渡（写真は譲渡後のもの）

近畿

紀州鉄道
学門
がくもん
お宝度 ★☆☆

ホーム端に「学問地蔵」が祀られている無人駅。受験祈願でこのスタンプを押しに来る学生もいるという。(2020年紀伊御坊駅押印／窓口)

キハ600形
1975(昭和50)年に大分県耶馬渓鉄道から譲渡された

近江鉄道本線
貴生川
きぶかわ
お宝度 ★☆☆

近江鉄道駅スタンプは米原や彦根など主要駅に迫りくるモハ100形をモチーフとしたシリーズで展開。(2023年貴生川駅押印／常設)

モハ100形
もと西武鉄道101形を2013年に譲り受け本線で活躍している

今、押しておきたい 年代物スタンプ

JR奈良線

東福寺
とうふくじ

お宝度 ★★★

京都から1駅。京阪線との乗り換えに便利な駅であるが、ここにもスタンプがあるとは思わない、穴場スタンプだ。(2019年東福寺駅押印／窓口)

JR紀勢本線

紀伊由良
きいゆら

お宝度 ★★☆

1928(昭和3)年開業時から残る木造駅舎をもつ駅。JR製作のスタンプが置かれているが、窓口閉鎖が相次ぐ点から、この駅も危ない。(2020年紀伊由良駅押印／窓口)

JR播但線

新井
にい

お宝度 ★★★

JR西日本製作と別に国鉄時代からの継承スタンプが現存。窓口閉鎖による撤去なんてことにならないように願いたい。(2019年新井駅押印／窓口)

JR紀勢本線

串本
くしもと

お宝度 ★☆☆

本州最南端に位置する串本駅。1873(明治6)年イギリス人技師によって建立した歴史的価値もある潮岬灯台を描いた。(2019年串本駅押印／窓口)

近畿

お宝度 ★☆☆

橋梁下の「道の駅あまるべ」内にある町製作のスタンプ。下から見上げた鋼製トレッスル橋は見事な仕上がり。(2020年道の駅あまるべ押印／常設)

JR山陰本線
餘部(あまるべ)

日本海の風雪に耐え鉄道を守ってきた1912(明治45)年架橋の余部橋梁。2010(平成22)年、"平成の架け替え"で頑丈なPC橋にバトンを渡したがダイナミックな姿は健在！ スタンプの数も半端ない！

お宝度 ★★☆

橋梁脇にある餘部駅とは違い、橋梁名は「余」を使う。これは姫新線に存在する「余部(よべ)」駅との重複を避けるため。(2020年道の駅あまるべ押印／常設)

お宝度 ★★★

道の駅に隣接する「余部途中下車一滴亭」という鉄道資料館にある。古き良き時代の橋梁が見事復活。(2019年一滴亭押印／店内)

お宝度 ★☆☆

展望施設「空の駅」に生まれ変わった旧橋へのアクセスとなるエレベーターを紹介。(2020年道の駅あまるべ押印／常設)

お宝度 ★★☆

旧橋梁と同位置から現在の姿を描いた。その細やかなタッチと愛を感じる文言。上のスタンプとセットで押したい。(2019年一滴亭押印／店内)

お宝度 ★★☆

駅長帽を被っているのは、2018(平成30)年に就任した空の駅のゾウガメ駅長「かめだ そら」ちゃん。(2020年道の駅あまるべ押印／常設)

駅スタンプ Column

現役、再利用、放置と740個の末路を追って、嗚呼、「わたしの旅」スタンプ机

またまだ各地で残る、スタンプ設置の証！

駅で、木製の三角屋根の付いた机を見たことがないだろうか？これは、1980（昭和55）年に国鉄が企画した大規模なスタンプラリー「わたしの旅」で、認定駅740ヶ所に配置されたスタンプ専用台である。あれから約40年。JRとなり、場所をとるスタンプ台は徐々に撤去された。しかし、今でもがんばっているものや、スタンプ撤収後、ほかの任につくもの、そのまま放置され朽ちてゆくものと、机の運命もスタンプ同様、様々である。

1 いまだ、現役バリバリで、誇らしげに務めを果たしている（丸亀駅）
2 美しく着飾ってもらい、その任を全うし続ける（人吉駅）
3 屋根を外されても、スタンプ台として生きている（多度津駅）
4 売店の商品置き場に転職。あくまでも鉄道にこだわる（美幌駅）
5 屋根を外され、スタンプが撤去されてもパンフ置き場として居座る
6 こうなると、もうお荷物状態。かつての栄光をもう一度！

お気に入りデザインの

JR山陰本線
鳥取大学前
とっとりだいがくまえ

お宝度 ★★☆

1995(平成7)年に新設の駅でスタンプとは無縁だと思っていたが、ちゃんと製作していた。内容といい、ほぼ鳥取大学の印である。(2020年鳥取大学前駅押印／窓口)

JR境線
境港
さかいみなと

お宝度 ★☆☆

「ゲゲゲの鬼太郎」の作者・水木しげる氏ゆかりの地。列車から駅から町中、鬼太郎ファミリーに占拠されてます。あ、スタンプも！(2018年境港駅押印／常設)

JR山陰本線など
鳥取
とっとり

お宝度 ★☆☆

日本にこんな風景があるのかと思ってしまうが、実際にある風景だ。鳥取砂丘にはラクダがおり、観光遊覧で乗ることもできる。(2021年鳥取駅押印／常設)

JR山陰本線
由良
ゆら

お宝度 ★★☆

名産の西瓜と長芋の町・由良町にあって、町のキャラクターだと思いきや全くのオリジナル。なんともかわいい。(2020年由良駅押印／窓口)

106

中国

JR伯備線
根雨（ねう）
お宝度 ★☆☆

駅最寄りの金持神社と日野川に飛来するオシドリを紹介したデザインは、金運と夫婦円満の願いが込められている。(2020年根雨駅押印／窓口)

JR伯備線
江尾（えび）
お宝度 ★☆☆

恐らく商工会か町が製作したと思われる。奥大山チロルの里という多目的施設を紹介。それにしても駅名が控えめだ。(2020年江尾駅押印／常設)

JR木次線
木次（きすき）
お宝度 ★☆☆

駅看板には「き♥」と記載されている。それにしても木次線スタンプにはヤマタノオロチの出現率が異様に高い。(2020年木次駅押印／常設)

JR山陰本線
出雲市（いずもし）
お宝度 ★☆☆

神楽を奉納する姿の背後にあるのは出雲大社。昔に比べてスタンプ技術も向上したことで、大蛇の鱗も鮮明に再現。(2021年出雲市駅押印／常設)

JR木次線
亀嵩（かめだけ）
お宝度 ★★☆

駅舎がそば屋「扇屋」の店舗にもなっている元祖駅そばの店内に鎮座する駅スタンプ。名物の十割そばは必食。(2020年扇屋押印／店内)

お気に入りデザインの **駅スタンプ**

JR姫新線
勝間田
（かつまた）　お宝度 ★★☆

2021年2月にスタイリッシュな駅舎となった同駅。それを記念してのスタンプだが、サイドに「勝」の羅列にクスッ(笑)（2021年勝間田駅押印／窓口）

JR津山線
亀甲
（かめのこう）　お宝度 ★★☆

日本三大珍駅舎のひとつである当駅は、町にある亀甲岩に由来し駅名に採用。亀形の駅舎は一見の価値あり。(2018年亀甲駅押印／窓口)

JR山陰本線
江津
（ごうつ）　お宝度 ★☆☆

なんと山にも星マークがある。1984(昭和59)年、隕石も落ちたことがある星高山(標高470m)に山肌を星型に成形し名所となった。(2020年江津駅押印／窓口)

JR芸備線、木次線
備後落合
（びんごおちあい）　お宝度 ★★☆

地元有志で製作されたスタンプと聞く。芸備線と木次線が合流することから駅名をもじって「落ち合う駅」。座布団2枚！（2021年備後落合駅押印／常設）

中国

JR本四備讃線
児島 (こじま)
お宝度 ★★☆

ジーンズ関連の企業や工場が集まることから、児島デニムというブランド展開まで始めた倉敷市児島地区にあって、駅スタンプもオシャレに。（2021年児島駅押印／常設）

JR山陽本線など
岡山 (おかやま)
お宝度 ★☆☆

岡山支社管内になるとイラストタッチなデザインで統一されている。天下の名園・後楽園から見る岡山城は壮観だ。（2019年岡山駅押印／常設）

JR呉線
呉 (くれ)
お宝度 ★★☆

2005（平成7）年に開館した呉市海事歴史科学館（大和ミュージアム）に合わせて製作されたスタンプ。今にも飛び出す迫力の大和。（2019年呉駅押印／常設）

JR山陽本線
宮島口 (みやじまぐち)
お宝度 ★★☆

広島支社はリアルなイラストになるなど支社での変化も見所。宮島の大鳥居は自重で立っているだけというのも驚きだ。（2020年宮島口駅押印／常設）

JR宮島航路
宮島桟橋 (みやじまさんばし)
お宝度 ★★★

JR唯一の航路である宮島航路。星の代わりに紅葉としゃもじが描かれている。宮島は木製しゃもじの生産日本一だ。（2019年宮島桟橋押印／窓口）

お気に入りデザインの **駅スタンプ**

JR山陽本線
南岩国
みなみいわくに　お宝度 ★☆☆

レンコンの穴は8つとされているが、岩国レンコンは特徴として穴が9つあるという。さてスタンプは……、ちゃんと描いてました。(2020年南岩国駅押印／窓口)

JR山陽本線など
岩国
いわくに　お宝度 ★☆☆

本来の最寄り駅となるのは西岩国駅だが、スタンプの世界では主要駅に最寄り駅を奪われることがある。錦帯橋はまさにこのケース。(2019年岩国駅押印／窓口)

JR山陽本線
下関
しものせき　お宝度 ★☆☆

迫力ある巌流島の戦いの前を、悠々と泳ぐ名物のふく。下関では「ふぐ」とは呼ばず、福とかけて「ふく」という。(2020年下関駅押印／常設)

JR山陽本線など
新下関
しんしものせき　お宝度 ★☆☆

こちらも負けずと縁起のいい「ふく」を描いているが、よく見ると下関駅と模様も形もそっくり。まさか大きさまでも！(2020年新下関駅押印／常設)

中国

列車が刻まれた 駅スタンプ

JR山陰本線
米子
よなご
お宝度 ★★★

山陰鉄道発祥の地。鋳物製SLのモニュメントは当駅のシンボル。駅前のコンビニ裏にはC57形43号機の動輪が鎮座。(2021年米子駅押印／常設)

だんだん広場 時計塔
1995(平成7)年に建塔。まるで999。モデルはC57形?

一畑電車
雲州平田
うんしゅうひらた
お宝度 ★★☆

隣接する車両基地で出番を待つ4種の電車が描かれている。ちなみに両端の電車は同じ元京王5000系である。(2021年雲州平田駅押印／常設)

2100系電車
元京王5000系を譲渡され、一畑電車初の冷房車として登場

5000系電車
元京王5000系。座席をクロスシートに改造。急行にも運用

(松江しんじ湖温泉駅スタンプ)

一畑電車
松江しんじ湖温泉
まつえこおんせん
お宝度 ★☆☆

通勤型2種を描いているが、写真をスタンプ化したものと推測。あまりにも細かいので押すのが難しい。(2021年松江しんじ湖温泉駅押印／常設)

1000系電車
元東急1000系。1編成は「しまねっこⅡ」として活躍中

列車が刻まれた **駅スタンプ**

智頭急行

智頭
ちず

お宝度 ★☆☆

JR駅とは別に駅舎を構える智頭急行だが、因美線に乗り入れる普通列車や特急列車はJRホームを使うという、ややこしい使い方をしている。（2020年智頭駅押印／窓口）

HOT7000系気動車
特急「スーパーはくと」専用として運行。京都～倉吉を結ぶ

HOT 3500系気動車
普通列車用気動車で、JR因美線経由で鳥取まで運転

井原鉄道

井原
いはら

お宝度 ★★☆

1999（平成11）年開業時のスタンプと推測。かなり劣化が進んでおり、いつ廃棄されるか心配している一個だ。（2023年井原駅押印／窓口）

IRT355形
平成11年1月11日11時11分11秒に開業した際に導入された主力車

JR木次線

亀嵩
かめだけ

お宝度 ★☆☆

右からヌヌッと現れたのは、木次線の観光列車「奥出雲おろち号」というトロッコ列車。牽引機関車が描かれている。（2020年扇屋押印／店内）

奥出雲おろち号
出雲市・木次～備後落合を結ぶトロッコ列車。牽引はDE10形。2023（令和5）年運行終了となった

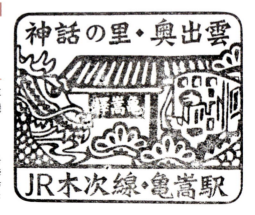

中国

JR伯備線
備中高梁
びっちゅうたかはし

お宝度 ★★★

「WEST EXPRESS銀河号」の運行日、しかも停車している時間のみ押すことができるレアスタンプだ。(2023年備中高梁駅押印／窓口・限定)

117系 WESTEXPRESS銀河
2020年に117形を改造した観光列車。宿泊もできサロンカーも連結

JR山陽本線
北長瀬
きたながせ

お宝度 ★★★

山陽新幹線岡山車両基地やJR貨物岡山貨物ターミナルがある鉄ちゃんには鼻血モノの駅で、スタンプもマニアック。(2020年北長瀬駅押印／窓口)

300系新幹線
初代のぞみとして名を馳せた名車。2012年に惜しまれつつ引退

700系新幹線レールスター
営業車として最後まで残っている700系。山陽新幹線で活躍中

列車が刻まれた **駅スタンプ**

JR山口線など
新山口
しんやまぐち

お宝度 ★★☆

国鉄初のSL動態保存を行ったSL「やまぐち」号。集煙装置を装着したC57形1号機関車はその姿から貴婦人と親しまれる。(2020年新山口駅押印／常設)

C57形蒸気機関車1号機
1937(昭和12)年製造。1979(昭和54)年から「やまぐち」号を牽引

錦川鉄道
錦町
にしきちょう

お宝度 ★☆☆

ここ最近、徐々にその数を増やしている「萌え系」スタンプ。錦川鉄道では唯一、現存する駅スタンプだ。(2020年錦町駅押印／窓口)

トコトコトレイン
元愛知万博で活躍した電気自動車。未成線跡を走る

NT3000形気動車
錦川鉄道の主力。4両が活躍。全て塗装が異なる

JR山陽本線など
幡生
はたぶ

お宝度 ★★☆

車両工場をもつ同駅で誕生した「みすゞ潮彩」号。「○○のはなし」に改造され現存しないが、スタンプでは健在。(2020年幡生駅押印／窓口)

「みすゞ潮彩」号
キハ47形気動車を改造。観光列車として2017(平成29)年まで運行

中国

今、押しておきたい年代物スタンプ

JR木次線
出雲大東（いずもだいとう）
お宝度 ★★☆

周囲を中心にかなり劣化が進んでいる。このデザインは元々ディスカバージャパン時代のもので、後にオマージュしたもの。(2019年出雲大東駅押印／窓口)

一畑電車
松江しんじ湖温泉（まつえしんじこおんせん）
お宝度 ★★★

1970（昭和45）年に北松江駅から松江温泉駅へ改称された際に製作されたものと聞く。旧社名や旧駅名が残る貴重な逸品。(2021年松江しんじ湖温泉駅押印／常設)

倉吉線鉄道記念館で発見！

1985（昭和60）年に廃止された国鉄倉吉線。打吹駅跡地にある倉吉線鉄道記念館では、2駅のスタンプが今でも押せる
©Tottori Pref.

廃線 旧国鉄倉吉線
関金（せきがね）
お宝度 ★★☆

倉吉から7つ目、関金駅にスタンプが存在したことでさえ奇跡的。さらに2つ先の終着となる山守駅はホームのみの無人駅だった。(2020年倉吉線鉄道記念館押印／常設)

廃線 旧国鉄倉吉線
打吹（うつぶき）
お宝度 ★★☆

倉吉線鉄道記念館は1991（平成3）年開館。年中無休で無料というのがうれしい。付近にはSL C11形75号機も展示されている。(2020年倉吉線鉄道記念館押印／常設)

今、押しておきたい *年代物スタンプ*

旧JR三江線
口羽
（くちば）
お宝度 ★★☆

2018（平成30）年に廃線となった三江線の駅で現在は江の川鐵道の駅としてトロッコ列車を運行する起点駅となっている。（2023年口羽駅押印／常設・限定）

JR芸備線
比婆山
（ひばやま）
お宝度 ★★★

劣化も少なく、美品で現存するディスカバージャパン時代の貴重スタンプ。駅前にある商店で大切に保存されている。（2020年田盛商店内押印／店内）

JR芸備線
東城
（とうじょう）
お宝度 ★★☆

国鉄時代からの継承スタンプと推測するが、微妙に書体が違うのが気になる。ともあれ貴重なモノには変わりない。（2020年東城駅押印／窓口）

中国

JR津山線
建部
お宝度 ★☆☆

木造駅舎が人気の当駅はドラマのロケ地にも使われたが、無人であり、スタンプは常設されているため、かなり傷んでいる。(2018年建部駅押印／常設)

JR姫新線
美作土居（みまさかどい）
お宝度 ★★★

恐らく地元の有志または自治体が製作したものと推測。国鉄建築が色濃く残る名駅舎だ。(2022年美作土居駅押印／窓口)

JR福塩線
上下（じょうげ）
お宝度 ★★☆

一瞬、元になった国鉄継承かと思いきや足元に何かいる！ これはゆるキャラのツチノコ「ツッチー」ではないか。残念！(2020年上下駅土産売り場押印／店内)

お宝度 ★☆☆

JR公式の駅スタンプ。かつて石見銀山からの銀集積中継地として幕府の天領だったこともあり栄えた町だったという。(2020年上下駅土産売り場押印／店内)

今、押しておきたい**年代物スタンプ**

JR福塩線
備後矢野（びんごやの）
お宝度 ★★☆

製作時期は不明だが、限りなく国鉄時代に近いデザインと推測。やはり駅スタンプには温泉マークが似合う。(2020年備後矢野駅食堂押印／店内)

お宝度 ★★☆

1983(昭和58)年に無人化してしまった同駅。スタンプは駅舎内で営業する矢野駅食堂内で管理している。(2020年備後矢野駅食堂押印／店内)

JR岩徳線
西岩国（にしいわくに）
お宝度 ★★★

有形登録文化財に指定されている名駅は1929(昭和4)年築。現在は岩国市のNPO法人が管理しており、駅スタンプも長方形で健在。(2020年西岩国駅押印／窓口)

中国

JR山陰本線
須佐(すさ)　お宝度 ★★☆

このスタンプ、ファンの間で行方不明になったといわれていた逸品。近年、隣接する物産館に移設していたことが判明した。(2020年ふれあいステーション須佐押印／店内)

JR山陰本線
特牛(こっとい)　お宝度 ★★★

西日本一貴重スタンプと云っても過言ではない。国鉄時代のものと推測するが、デザイン・形ともに斬新。しかも電車特急が走っている！(2020年特牛駅押印／常設)

駅スタンプの自粛活動

コロナウイルスは駅スタンプの敵でもあった

2020年より世間を震撼させている新型コロナウイルス。接触感染するともいわれていることから、不特定多数の人間が触ってしまう駅スタンプにも、その影響が及んでいる。鉄道会社など、たいていのところは、消毒液を付近に設置するなどの感染症対策をしながら押印サービスを提供している。しかし、なにごとにも過敏に反応してしまう行政・自治体が管理する駅やスタンプは、一部ではあるものの休止や撤去、廃棄を行うところも。対応を考えていただきたい。

2018年に押印した旧大社駅スタンプ。押印再開はいつになるか？

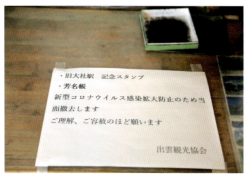

「当面撤去〜」と旧大社駅はまだ再開の余地があるが、これはつらい

旧大社駅
大正時代の名建築で国の重要文化財。廃止後も大切に保存され一般公開している

お気に入りデザインの **駅スタンプ**

JR高徳線など
徳島(とくしま)
お宝度 ★☆☆

毎年8月に行われる四国三大祭りのひとつ阿波踊り。国鉄時代から変わらぬ踊り子デザインには誰もが目を奪われる。(2020年徳島駅押印／常設)

JR四国　年　月　日

JR高徳線
三本松(さんぼんまつ)
お宝度 ★★☆

四国八十八ヶ所総奥の院であり、厄除けで名高い興田寺(よだ)(別名・興田薬師)。まるで棟方志功の板画のよう。(2021年三本松駅押印／窓口)

JR四国　年　月　日

JR鳴門線
鳴門(なると)
お宝度 ★☆☆

瀬戸大橋に似ているが、この橋は1985(昭和60)年架橋された大鳴門橋。自動車道の下部分は渦潮が観察できる遊歩道だ。(2023年鳴門駅押印／常設)

JR四国　年　月　日

四国

JR四国　年　月　日

JR牟岐線
牟岐
むぎ

お宝度 ★☆☆

黒潮がぶつかる地形で、釣りのメッカでもある牟岐。四国でも数少ない六角形スタンプで泳ぐ大鯛が大漁を予感させる。(2020年牟岐駅押印／常設)

JR予讃線
高松
たかまつ

お宝度 ★★☆

国鉄時から変わらない屋島・壇ノ浦での源平合戦にて那須与一が扇に矢を射る姿を描いた。結果は見事に……。(2024年高松駅押印／常設)

2011(平成23)年に香川県が「うどん県」に改名を発表したことに合わせて、高松駅の副名も「さぬき高松うどん駅」とした。(2024年高松駅押印／常設)

JR四国高松駅　年　月　日

JR四国　年　月　日

JR予讃線
坂出
さかいで

お宝度 ★★☆

こちらが瀬戸大橋。1988(昭和63)に世界初となる鉄道併用橋として架橋され、約10分で瀬戸内海を渡る。(2024年坂出駅押印／常設)

JR予讃線
松山
まつやま

お宝度 ★☆☆

2024(令和6)年9月に高架新築された松山駅。駅スタンプは新調の上、色を青に変更された。道後温泉本館は5年ぶりに営業を再開した。(2024年松山駅押印／常設)

JR四国　年　月　日

お気に入りデザインの駅スタンプ

JR予讃線
八幡浜（やわたはま） お宝度 ★★☆

名所を示す五角形にみかんの形を組み、かつて九州への鉄道トンネル計画があった佐田岬を描くという造形美が素晴らしい。（2024年八幡浜駅押印／常設）

JR予讃線
宇和島（うわじま） お宝度 ★☆☆

画がリアルすぎて目を凝らしてみてほしい。宇和島闘牛は年5回開催され、全国でも珍しい優勝牛に触れる。（2024年宇和島駅押印／常設）

JR予土線
近永（ちかなが） お宝度 ★★★

手塚治虫氏の火の鳥のように華麗なキジが羽ばたいている。鬼北熟成キジは駅がある鬼北（きほく）町が認定したブランド産品。（2018年近永駅押印／窓口）

JR予土線
江川崎（えかわさき） お宝度 ★☆☆

ダムがなく、最後の清流と名付けられている四万十川で釣りを楽しむ釣り人。でも釣り針がないのはどうしてだろう？（2019年江川崎駅押印／窓口）

土佐くろしお鉄道宿毛線
宿毛（すくも） お宝度 ★☆☆

宿毛湾に沈むダルマ夕日を、社員の熱いメッセージとともに神秘的に描いた宿毛駅。11月から2月までが見ごろ。（2016年宿毛駅押印／窓口）

> 四国

今、押しておきたい 年代物スタンプ

八栗ケーブル
八栗山上
お宝度 ★★☆

1964(昭和39)年・日立製作所製の流線型ケーブルカーが現役。ちなみに登山口は同デザインで赤色、八栗山上は緑色と2種設置。(2019年八栗山上駅押印／常設)

八栗ケーブル
八栗登山口
お宝度 ★★★

1964(昭和39)年日立製作所笠戸工場製造の流線型ケーブルカーが活躍。あの0系をモデルとした車両はスタンプでも現役であり、登山口は赤。山上駅は緑と2種設置。(2022年押印／常設)

八栗ケーブルカー
定員127名高低差167m約4分で登る。映画男はつらいよにも出演(写真／ピクスタ)

JR予讃線
本山
お宝度 ★★★

国鉄時代から継承されている貴重な1個。ちゃんと「本線」の記載がある。現在は無人で観音寺駅に保管。(2023年観音寺駅押印／窓口)

JR予讃線
観音寺
お宝度 ★★☆

こちらはJR四国仕様になったものの、デザインは引き継がれた。一夜にして作られた銭形の砂絵は圧巻。(2023年観音寺駅押印／窓口)

JR予讃線
豊浜
お宝度 ★★★

国鉄継承スタンプ。予讃線電化の折、ちょうさ祭りの山車が通れないと電化反対騒動があったのも昔の話。観音寺駅に保管。(2023年観音寺駅押印／窓口)

今、押しておきたい **年代物スタンプ**

JR予讃線
菊間（きくま）
お宝度 ★★★

劣化が進み処遇が心配されている国鉄継承スタンプ。鬼瓦が睨みをきかせている。現在は無人となり今治駅に保管されている。（2022年今治駅押印／窓口）

JR予讃線
今治（いまばり）
お宝度 ★★☆

JR四国発足後もこの形状・今治タオルの絵柄共に継承。四国オリジナルの日付が追加された。（2022年今治駅押印／窓口）

JR予讃線
大西（おおにし）
お宝度 ★★★

国鉄名「本線」が残る貴重印。産業を表す六角形に刻まれたのは、沿線に建ち並ぶ造船所だ。（2022年今治駅押印／窓口）

JR徳島線
阿波山川（あわやまかわ）
お宝度 ★★★

国指定天然記念物に指定された樹齢300年（推定）が群生する船窪つつじ公園の最寄駅。穴吹駅で保存。（2024年穴吹駅押印／窓口）

JR牟岐線
南小松島（みなみこまつしま）
お宝度 ★★☆

2024（令和6）年3月、同駅をはじめ四国8駅が無人となり、駅スタンプも引退したが、この駅は幸いに駅内の観光案内所に移設された。（2024年小松島観光案内所押印／窓口）

四国

JR予讃線
伊予大洲（いよおおず）
お宝度 ★★☆

風俗・祭り・行事を表す五角形に収められたのは肱川の鵜飼。「日本三大うかい」のひとつで6〜9月がシーズン。(2022年伊予大洲駅押印／窓口)

JR予讃線
卯之町（うのまち）
お宝度 ★★☆

2022(令和4)年に無人化され、駅舎も二代目に建て替えられた。スタンプはどんぶり館駅前店あおぞら内に移設。(2021年卯之町駅押印／窓口)

JR予土線
土佐大正（とさたいしょう）
お宝度 ★★☆

年代物ではないがJR四国公式にしては他のデザインとタッチが変化している点が面白い半面、常設＆放置なので危機感を感じる。(2021年土佐大正駅押印／常設)

JR牟岐線
日和佐（ひわさ）
お宝度 ★★★

JR公式のスタンプは、無人化後に隣接する道の駅の観光案内所に保管されているが、売店内には奇跡的に国鉄スタンプも！(2020年道の駅日和佐押印／店内)

お宝度 ★★☆

四国唯一のインク内臓式スタンプ。自治体が製作したと聞く。面白いのはデザイン。JRとほぼ同じなのだが、さぁ、間違い探ししてみよう。(2021年土佐大正駅押印／常設)

> スタンプたくさんボーナス駅

JR徳島線
鴨島駅で3つのスタンプ発見!

試し押しのメモ帳も完備。大切に保管されている

駅の無人化・駅舎廃止を進めるJR四国。貴重な国鉄時代継承スタンプを保存している有人駅は5年前に比べて半分にまで減少。現在、前掲した予讃線今治・観音寺と、ここ鴨島駅もその貴重な駅のひとつだ。※窓口で申告し、出してもらうので、窓口時間は確認して訪問したい。

阿波川島 お宝度 ★★★

JR発足後「本線」という概念がなくなり徳島線へ改名された。川島城は1981(昭和56)年に模擬天守閣として建設された。(2024年鴨島駅押印／窓口)

鴨島(かもじま) お宝度 ★★☆

大正時代、東京浅草の喜劇王として知られた曾我廼家 五九郎は鴨島で生を受けた。五角形に上手く入り込んだ姿はまさに喜劇。(2024年鴨島駅押印／窓口)

牛島(うしのしま) お宝度 ★★★

1988(昭和63)年4月1日に復刻されたとある。瀬戸大橋開通を前に実施されたスタンプラリーの影響だと推測。(2024年鴨島駅押印／窓口)

四国

それぞれスタンプ色が違うので、押し間違えのないように！

阿佐海岸鉄道
宍喰駅で9つのスタンプ発見！

スタンプたくさんボーナス駅

世界初となる軌陸両用鉄道車両・DMVの本格営業を始めた阿佐海岸鉄道。唯一の有人駅であり伊勢エビ駅長のいる宍喰駅には、作りも作ったり9つものスタンプが集まっている。また、車両関連のスタンプも増えているので、時間に余裕を！（スタンプはすべて2023年安芸駅押印／窓口）

宍喰(ししくい)

お宝度 ★★☆

赤字脱却を使命に、脱皮する地元名物の伊勢エビが駅長に就任している宍喰駅。それをモチーフに造られた他に例がない区間乗車記念スタンプほか、車両スタンプも別にある。（2020年宍喰駅押印／常設）

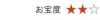

お宝度 ★★☆

宍喰〜甲浦間の風景をスタンプ化したもので、2020（令和2）年に引退したASA101形「しおかぜ」が描かれており、今となっては貴重。（2020年宍喰駅押印／常設）

海部(かいふ)

お宝度 ★★★

DMV開業後に阿佐海岸鉄道線となり、元JR牟岐線の橋梁を渡る、引退した元高千穂鉄道車ASA301形「たかちほ」を描いている。（2020年宍喰駅押印／常設）

スタンプたくさんボーナス駅

土佐くろしお鉄道ごめん・なはり線

安芸駅で21コのスタンプ発見！

第三セクター鉄道や私鉄では、保安上、主要駅で一括管理しているが、安芸駅にはなんと21駅全てが集結！ 乗り継ぎの合間で押そうなんて思っていたら甘い！ とても時間が足りない。

圧巻の数に驚く！ 終ったら駅順に並べて返すのがマナー

＊スタンプは全て2023年安芸駅押印／常設。

香我美(かがみ)
お宝度 ★★☆

山北みかんが名産。みかん狩りもできることから、香我美駅は「かがみ みかんちゃん」。

のいち
お宝度 ★★☆

当駅は「のいちんどんまん」。各キャラクターは地元出身の漫画家・やなせたかし氏デザイン。

後免(ごめん)
お宝度 ★★☆

21駅全てにキャラクターを設定。JR土讃線と接続する後免駅は「ごめん えきお君」。

夜須(やす)
お宝度 ★★☆

高知屈指の海水浴場がほぼ目の前にある夜須駅では「やす にんぎょちゃん」が待っている。

よしかわ
お宝度 ★★☆

吉川町の特産品は鰻。なので、よしかわ駅は鰻の「よしかわ うなお君」。

後免町(ごめんまち)
お宝度 ★★☆

とさでん交通の路面電車駅と接続する後免町駅では「ごめん まちこさん」がお出迎え。

西分(にしぶん)
お宝度 ★★☆

高架駅から一望できる琴ヶ浜は月の名所。西分駅は「にしぶん つきこちゃん」がいる。

あかおか
お宝度 ★★☆

幕末、この町で活躍した絵師・弘瀬金蔵がモデルの「あかおか えきんさん」。

立田(たてだ)
お宝度 ★★☆

高知龍馬空港最寄りとなる立田駅。客室搭乗員をイメージした「たてだ そらこちゃん」。

四国

唐浜(とうのはま)
お宝度 ★★☆

お遍路さん姿の「とうのはま へんろ君」。四国霊場第27番札所神峯寺(こうのみねじ)の最寄り駅だ。

あき総合病院前
お宝度 ★★☆

2021年4月に新駅が開業。「あきナースちゃん」デザインは「やなせスタジオ」が手掛けた。

和食(わじき)
お宝度 ★★☆

近くを流れる和食川にいた河童伝説。珍駅名でも有名な和食駅の「わじき カッパ君」。

安田(やすだ)
お宝度 ★★☆

安田駅は「やすだ アユ君」。四万十川がライバルの清流・安田川自慢のアユは格別！

安芸(あき)
お宝度 ★☆☆

この路線の中心的役割を担う安芸駅の「あき うたこちゃん」。車両基地もここにある。

赤野(あかの)
お宝度 ★★☆

雄大な太平洋沿岸を走る同線はカモメも飛来。赤野駅の「あかの カモメちゃん」。

田野(たの)
お宝度 ★★☆

維新の志士で藩政時代に殉節した二十三士ゆかりの地。田野駅は「田野 いしん君」。

伊尾木(いおき)
お宝度 ★★☆

映画「男はつらいよ」の幻ロケ地となった伊尾木駅。追悼をこめて「いおき トラオ君」。

穴内(あなない)
お宝度 ★★☆

温暖な気候が育む高知野菜。特にナスが特産の穴内駅は「あない ナスビさん」。

奈半利(なはり)
お宝度 ★★☆

「ごめん えきお君」とペアで駅員になっている終着奈半利駅の「なは りこちゃん」。

下山(しもやま)
お宝度 ★★☆

童謡「浜千鳥」がモチーフとなった下山駅は「しもやま ちどりちゃん」が唄い、踊る。

球場前(きゅうじょうまえ)
お宝度 ★★☆

阪神タイガースがキャンプに来る安芸市民球場の最寄りなので「球場 ボール君」！

駅スタンプ Column

駅スタンプに新星あらわる?!
駅スタンプだけでない！魅惑の乗車記念スタンプ

近年多くなっている観光列車。観光列車には乗車すると押せる「乗車記念スタンプ」があり、この新たなジャンルのアイテムが私を虜にさせている。

ただ、動いている列車の中での押印は、駅で押すのとは違い、ほかの乗客（ライバル）とのタイミングや心理戦、そして揺れと酔いとの闘いである。

近年はスタンプを掘る技術も向上しているので、列車のディテールがかなり細かくなっているのもいいが、昔からある大雑把なデザインもまた味もあってうれしくなる。

お気に入りデザインの

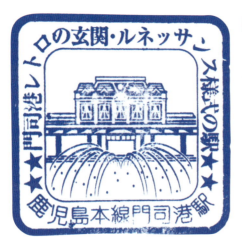

JR鹿児島本線
門司港(もじこう)
お宝度 ★★★

1914（大正3）年築の名駅舎はあまりにも有名。このスタンプは復原前のもの。復原後と見比べると形が変化しているのがわかる。(2013年門司港駅押印)

お宝度 ★★★

2019（平成31）年、約7年かけて竣工時の姿に復原された際の記念スタンプ。約1年程度しか置かれず、デザイン変更となった。(2019年門司港駅押印)

お宝度 ★☆☆

現在の駅スタンプは「重要文化財指定駅」とあり、路線名が消えてしまった。さて、次はどう変化するのだろうか。(2023年門司港駅押印／常設)

JR日田彦山線など
田川後藤寺(たがわごとうじ)
お宝度 ★☆☆

「月が出た出た〜」の名フレーズでおなじみ、田川の炭鉱節はここから生まれた。それにしても煙の位置が悪すぎる……。(2020年田川後藤寺駅押印／窓口)

九州

JR長崎本線
バルーンさが　お宝度 ★★★

毎年11月に開催される佐賀インターナショナルバルーンフェスタの観覧客へのアクセスとして開設される臨時駅。あまりの混雑に押すのも難易度高し。(2022年バルーンさが駅押印／常設・限定)

JR鹿児島本線など
博多(はかた)　お宝度 ★★☆

博多駅には新幹線(140ページ掲載)と別にJR九州管轄の在来線にもスタンプがある。博多どんたくを踊る絵柄は楽しそう。(2023年博多駅押印／常設)

JR長崎本線
佐賀(さが)　お宝度 ★☆☆

佐賀といえば毎年11月に開催されるバルーンフェスタ。ちなみに描かれているJR九州柄の気球も実在する。(2018年佐賀駅押印／常設)

JR佐世保線
佐世保(させぼ)　お宝度 ★★☆

JR駅最西端の佐世保駅。このコピーだけで押す価値が向上する。絵柄は不思議と随分離れたハウステンボス！(2017年佐世保駅押印／常設)

お気に入りデザインの

JR豊肥本線
水前寺
（すいぜんじ）　　お宝度 ★★★

国鉄継承の貴重な一個だが、後に設置された新水前寺駅と同じく水前寺公園を紹介している。絵柄の差に注目だ。（2020年水前寺駅押印／窓口）

JR鹿児島本線
松橋
（まつばせ）　　お宝度 ★★☆

旧暦8月1日の深夜に浮かび上がるという八代海の不知火。一種の蜃気楼現象だという。怪奇に満ちた絵柄で行きたくなる。（2020年松橋駅押印／窓口）

JR豊肥本線
豊後竹田
（ぶんごたけた）　　お宝度 ★☆☆

「荒城の月」のモデルとなった岡城に歌詞までも記載。国鉄時代から変わらないデザインだが、なんとインク内蔵式！（2020年豊後竹田駅押印／窓口）

JR豊肥本線
新水前寺
（しんすいぜんじ）　　お宝度 ★★★

1988（昭和63）年開業の駅。熊本地区で見かける開業日入り五角形スタンプは、崇城大学前駅などにも現存する。（2020年新水前寺駅押印／窓口）

JR三角線
三角(みすみ)
お宝度 ★★★

1966(昭和41)年に、三角から天草諸島を繋ぐ連絡として開通した際に製作された国鉄デザインを引き継いでいる。(2020年三角駅押印／常設)

JR三角線
網田(おうだ)
お宝度 ★☆☆

地元町おこしグループ製作のインク内臓式大型スタンプ。干潮時に出現する砂の曲線が美しい御輿来(おこしき)海岸をうまく表現。(2020年網田駅押印／窓口)

JR日豊本線
延岡(のべおか)
お宝度 ★☆☆

五ヶ瀬川の「鮎やな」は、川をせき止めて産卵のために遡上する鮎を竹のスノコに落とす漁法。絵柄でよくわかる。(2020年延岡駅押印／常設)

JR長崎本線
長崎(ながさき)
お宝度 ★☆☆

枠があるだけまとまっているものの、デザインにまとまりがなくとっちらかっている。とくに右下の物体は何かが気になる。(2019年長崎駅押印／常設)

お気に入りデザインの **駅**スタンプ

JR日豊本線
都農（つの）
お宝度 ★☆☆

色といい、ワイナリーの記念印かと錯覚する。豪華列車「ななつ星 in 九州」も停車、この駅で新鮮な野菜などを供給している。（2020年都農駅押印／窓口）

JR日豊本線
日向市（ひゅうがし）
お宝度 ★★☆

駅の高架化に伴い、有識者や市民らが10年以上かけて理想の駅を建築したことで話題になった。まさに駅に恋した結果！（2020年日向市駅押印／常設）

くま川鉄道
おかどめ幸福（こうふく）
お宝度 ★★☆

「幸福」とつく唯一の現役駅。1989（平成元）年に幸福神社と親しまれる岡留熊野座神社最寄りとして開業。神社風の駅舎がユニーク。（2020年おかどめ幸福駅売店押印／店内）

JR日南線
油津（あぶらつ）
お宝度 ★☆☆

広島東洋カープのキャンプ地で、カープファンの提案で駅舎を赤く塗ってしまった油津駅。スタンプもこうなりました。（2020年油津駅押印／窓口）

＊くま川鉄道は「令和2年7月球磨川豪雨」の影響で人吉温泉〜肥後西村間運休中（2024年10月現在）。

九州

JR鹿児島本線
スペースワールド
お宝度 ★★★

1999年(平成11)スペースワールド開園に合わせ最寄り駅として開業。2018(平成30)年に閉園となってしまったが駅名はそのまま残された。(2022年スペースワールド駅押印／窓口)

JR指宿枕崎線
山川
やまかわ
お宝度 ★★☆

JR駅としては最南端有人駅とされている。描かれている蝶はツバメニチョウ。ちなみに町は「やまがわ」と濁る。(2023年山川駅押印／窓口)

JR日南線
志布志
しぶし
お宝度 ★☆☆

最果て感が否めない志布志駅。駅の住所は「鹿児島県志布志市志布志町志布志」。どうせなら、ここまで入れてほしかった。(2020年志布志駅押印／窓口)

JR指宿枕崎線
西大山
にしおおやま
お宝度 ★★☆

JR駅最南端に位置する西大山駅はホームのみの無人駅。スタンプは駅前の土産物店内に設置。到達証明書もある。(2021年かいもん市場久太郎押印／店内)

列車が刻まれた **駅スタンプ**

JR山陽新幹線など
博多
はかた

お宝度 ★★☆

ひときわ目立つ「にわかせんぺい」の横を走り抜けるのは、JR西日本管轄の駅とあってN700系「のぞみ」号。(2020年博多駅新幹線改札押印／窓口)

**N700系
新幹線電車**
東海道・山陽新幹線の主力車。西日本車も活躍

JR鹿児島本線など
門司
もじ

お宝度 ★★★

2009(平成21)年まで運行されていた寝台特急「富士」が関門トンネルを抜ける様子だが、このED76形電気機関車は構造上走れない。(2020年門司駅押印／窓口)

ED76形電気機関車90号機
1976(昭和51)年製造の交流機関車。現在は廃車

西日本鉄道天神大牟田線
西鉄福岡(天神)
にしてつふくおか　てんじん

お宝度 ★☆☆

特急でも使用される3000系デビュー時に登場したスタンプ。毎年5月に開催される博多どんたくは動員数200万人という一大祭りだ。(2017年西鉄福岡駅押印／常設)

**西鉄3000系
電車**
2005(平成17)年から導入された特急車

140

九州

JR博多南線
博多南
はかたみなみ
お宝度 ★★★

元々車両基地への回送線を粋な計らいで一般路線化した経緯をもつ博多南駅。引退した名車両が一堂に並ぶ絵柄は圧巻で貴重。(2019年博多南駅押印／常設)

博多総合車両所
車庫を備えた新幹線基地。ホームから見ることができる

JR鹿児島本線など
鳥栖
とす
お宝度 ★☆☆

星の代わりに九州らしくツバメが飛びまくる。駅そばもデザインに組み込まれているのは全国でも珍しい。(2020年鳥栖駅押印／常設)

286号蒸気機関車
1905(明治38)年製造。鳥栖市の重要文化財に指定

列車が刻まれた **駅スタンプ**

JR西九州新幹線
長崎
（ながさき）

お宝度 ★☆☆

2022（令和4）年9月に開業した西九州新幹線。小型ながらも駅スタンプを確認。ほかの駅も基本テイストは同じ。(2022年長崎駅押印／窓口)

N700S新幹線　かもめ
同線専用車として5編成が投入された。デザインは水戸岡鋭治氏が手掛けた

JR肥薩線
粟野
（あわの）

お宝度 ★★★

1988（昭和63）年に廃止された山野線も乗り入れていた。そのさよならスタンプも残る同駅のスタンプは引退した「はやとの風」が！(2022年粟野駅押印／窓口)

キハ140形特急はやとの風
吉松〜鹿児島中央間の観光特急。2022年に引退したが、その後「ふたつぼし」として長崎で活躍中

九州

JR筑肥線
肥前前原
ひぜんまえばる
お宝度 ★★☆

1983(昭和58)年に電化された際に福岡市交通局の地下鉄乗り入れを開始したという。この絵柄は305系導入時に製作。(2023年肥前前原駅押印／窓口)

305系
2015(平成27)年に103系置き換えとして新製導入されたスタイリッシュな通勤車

北九州高速鉄道
小倉
こくら
お宝度 ★★☆

北九州モノレールのことで、終着企救丘駅にも駅スタンプが配置されているのを確認。(2022年小倉駅押印／窓口)

1000形
1985(昭和60)年導入の4両固定跨座式モノレール。屋根に付けられた赤い回転灯がかわいい

くま川鉄道
多良木
たらぎ
お宝度 ★★☆

多良木町が運営する寝台車を活用した宿泊施設「ブルートレインたらぎ」。元寝台特急「はやぶさ」の3両が駅に隣接。(2019年多良木駅押印／常設)

ブルートレイン多良木
2010(昭和22)年オープンの簡易宿泊施設。温泉も隣接

＊くま川鉄道は「令和2年7月球磨川豪雨」の影響で人吉温泉〜肥後西村間運休中(2024年10月現在)。

列車が刻まれた 駅スタンプ

JR宮崎空港線
宮崎空港
みやざきくうこう

お宝度 ★★★

1996(平成8)年に宮崎空港へのアクセスとして開業、2015年まで日本最南端の空港駅だった。南国らしいデザイン。(2021年宮崎空港駅押印／窓口)

713系
1982(昭和57)年に国鉄が開発した交流近郊形電車。4編成のみ現存の稀少車だ

肥薩おれんじ鉄道
水俣
みなまた

お宝度 ★★☆

数少ない来訪日付入り。観光協会が製作、駅で管理している。かつて国鉄山野線が乗り入れていたが、ホームは健在だ。(2021年水俣駅押印／窓口)

HSOR-100形気動車
17両保有する主力。「おれんじ食堂」用車もこの形式に含まれる

九州

JR九州新幹線など
鹿児島中央
かごしまちゅうおう
お宝度 ★☆☆

川内駅と同デザインで、西郷像と桜島が描かれている。800系新幹線はサイドのツバメラインから0番台車と予想。(2020年鹿児島中央駅押印／常設)

**800系
新幹線電車**

博多〜鹿児島中央駅間を結ぶ各駅停車便「つばめ」として運用

JR九州新幹線など
川内
せんだい
お宝度 ★★☆

2004(平成16)年新八代〜鹿児島中央間開業時に製作された。頭上にいるのは川内川に生息しているという妖怪のガラッパ。(2017年川内駅押印／窓口)

**800系
新幹線電車**

九州新幹線初代車両で、グッドデザイン賞などを受賞している

JR日南線
南郷
なんごう
お宝度 ★★★

西武ライオンズのキャンプ地でもある南郷町。2020(令和2)年に青と白を基調としたライオンズカラーに駅が変身。(2020年南郷駅押印／窓口)

特急「海幸山幸」

宮崎〜南郷駅までを結ぶ観光特急。車両は元高千穂鉄道

今、押しておきたい 年代物スタンプ

JR鹿児島本線
折尾(おりお)
お宝度 ★★☆

2021(令和3)年に新駅舎が開業した折尾駅。先代の木造駅舎時代を彷彿させる復元駅として注目。国鉄継承のデザインスタンプも健在だ。(2020年折尾駅押印／常設)

JR筑豊本線
桂川(けいせん)
お宝度 ★★★

町が製作した「祝篠栗線篠栗一桂川間開通記念」と書かれた記念スタンプ。しかも国鉄桂川駅とシビレル記載が！(2020年桂川駅押印／窓口)

JR日豊本線
柳ヶ浦(やなぎがうら)
お宝度 ★★★

劣化が進んでいるが、国鉄継承スタンプが残る駅。「ふるさとをしのぶ駅」と書かれ、東光寺五百羅漢が立体的に描かれている。(2020年柳ヶ浦押印／窓口)

九州

JR日豊本線
宇佐
お宝度 ★★☆

USAと書いて「宇佐」と読むことから、やたらアメリカと関連付けられていた同駅。スタンプもかと思いきや、いたって真面目でした。(2020年宇佐駅押印／窓口)

JR久大本線
豊後森
お宝度 ★★★

柳ヶ浦駅同様にかなり劣化が進んでおり、こちらも存在が危うい状況。鉄道名所の駅であるほど、押す頻度が高いことも課題だ。(2020年豊後森駅押印／窓口)

JR久大本線
由布院
お宝度 ★★☆

九州の駅は比較的国鉄継承のスタンプが数多く確認されている。由布院も駅舎は大きく変化したが、守るべき伝統は心得ている。(2020年由布院駅押印／常設)

JR豊肥本線
中判田
お宝度 ★★★

これは貴重！ ディスカバージャパン時代の駅スタンプが健在。見つけた時は、まさかこんな駅にという衝撃だった。(2020年中判田駅押印／窓口)

今、押しておきたい 年代物スタンプ

JR日豊本線
臼杵（うすき）
お宝度 ★★☆

心静かに佇む大日如来像のお顔が劣化もせずに変わらない臼杵磨崖仏、別名「臼杵石仏」は駅スタンプでも昔から採用されている。(2019年臼杵駅押印／窓口)

JR日豊本線
津久見（つくみ）
お宝度 ★★★

良質の石灰石が採掘できることから、セメント工業の町として栄えている津久見。まるで月の様に描かれたミカンも特産だ。(2020年津久見駅押印／窓口)

JR長崎本線
中原（なかばる）
お宝度 ★★★

1986（昭和61）年に当時小学生の男の子が「自分が住む駅のスタンプを作りたい！」とデザイン。知り合いの印鑑屋に製作・寄贈したという。(2021年中原駅押印／窓口)

JR大村線
大村（おおむら）
お宝度 ★★☆

国鉄継承のスタンプ。劣化によって枠線がなくなってしまっているが、このことを予想してか絵柄にも駅名を冠している。(2020年大村駅押印／窓口)

九州

JR鹿児島本線
木葉（このは） お宝度 ★★☆

木葉猿は、熊本県の郷土玩具として、魔除けや子孫繁栄のお守りとして作られる素焼きの置物。国鉄時代から絵柄にも起用。（2020年木葉駅押印／窓口）

JR豊肥本線
竜田口（たつたぐち） お宝度 ★★★

明智光秀の三女で細川忠興の妻でもあった細川ガラシャが眠る立田自然公園（細川家元菩提寺）が最寄り。（2020年竜田口駅押印／窓口）

JR鹿児島本線
玉名（たまな） お宝度 ★★★

直径2.88m、高さ4.55m、重量37.5tもある蓮華院誕生寺の大梵鐘。正式には飛龍の鐘といい、一般でもつくことができる。（2020年玉名駅押印／窓口）

JR鹿児島本線
植木（うえき） お宝度 ★★★

西瓜の年間出荷量が5万tを越える植木町は、名曲「すいかの名産地」の発祥地。「町中すっぽり〜」な絵柄も西瓜だ。（2020年植木駅押印／窓口）

今、押しておきたい 年代物スタンプ

廃線 高千穂鉄道
高千穂
お宝度 ★★★

水害による甚大な被害によって廃止された高千穂鉄道だが駅スタンプは健在！ 週末、元高千穂駅で押印できる。（2020年高千穂あまてらす鉄道高千穂駅押印／常設）

JR鹿児島本線
崇城大学前（そうじょうだいがくまえ）
お宝度 ★★★

「昭和63年3月13日開業」とあるが、この当時の駅名は熊本工大前で、2004（平成16）年に現在の駅名に改称となった。（2021年崇城大学前駅押印／窓口）

JR日豊本線
南延岡（みなみのべおか）
お宝度 ★★☆

ここにもあった隠れディスカバージャパンスタンプ、略して「DJスタンプ」！ ロゴもしっかり残っている。（2020年南延岡駅押印／窓口）

旧妻線
妻（つま）
お宝度 ★★★

1984（昭和59）年に廃止された妻線。日豊本線砂土原から杉安駅まで結んでいた。西都市児童館には妻駅を模した駅舎があり、さよなら妻線デザインを模した駅スタンプ製作。（2021年西都市児童館押印／窓口）

九州

JR指宿枕崎線
枕崎（まくらざき）
お宝度 ★☆☆

星の代わりに配置されているのは枕崎で漁が盛んな鰹。JR最南端の駅は西大山駅だが終着駅ということで。稚内駅から3,126km！（2020年枕崎観光案内所押印／常設）

開聞岳は別名「薩摩富士」とも呼ばれ、頴娃海岸から見るとまさに富士山である。この風景、静岡でも見たような……。（2023年西頴娃駅押印／窓口）

JR指宿枕崎線
西頴娃（にしえい）
お宝度 ★☆☆

わたしの旅スタンプシリーズにも理由は不明だが、星がないものも存在する。貴重には変わりない。（2023年西頴娃駅押印／窓口）

お宝度 ★☆☆

キハ40系普通列車が描かれており、指宿枕崎線全線開業55年を記念して南九州市が製作、新たに加わった。（2023年西頴娃駅押印／窓口）

未曾有の水害で復旧が待たれる肥薩線だが、駅は営業している

> スタンプ
> たくさん
> ボーナス駅

JR肥薩線
人吉駅で5つのスタンプ発見！

肥薩線の中心的役割をもつ人吉駅には、昔から旅客サービスの一環として、付近の名駅スタンプが集められている。しかし、その多くは実際の駅にも常設で設置されている。

一勝地（いっしょうち）　お宝度 ★☆☆

甚大な被害を被った肥薩線の駅のなかでも一勝地駅は無事だった。その強運をもつ駅のスタンプは受験生の必勝アイテムとして親しまれている。（2020年人吉駅押印／常設）

人吉（ひとよし）　お宝度 ★★☆

よーく見ないと球磨川下りの絵柄が理解できないが、激流の中を進む船の姿が描かれている。（2020年人吉駅押印／常設）

大畑(おこば) お宝度 ★☆☆

日本三大車窓をもつ肥薩線にあって、スイッチバックとループ線をもつ大畑駅。一度は訪れたい駅だ。路線図式の決定版というべき絵柄。(2020年人吉駅押印／常設)

真幸(まさき) お宝度 ★★★

真の幸せと書いて「真幸駅」は縁起のいい駅名として脚光を浴びている。スタンプの絵柄は国鉄時代とはまた違ったものとなっている。(2020年人吉駅押印／常設)

矢岳(やたけ) お宝度 ★★☆

車窓から霧島連山を望む矢岳駅。木造駅舎は、肥薩線で最も標高の高い539.5mに位置する。(2020年人吉駅押印／常設)

＊「令和2年7月豪雨」の影響によりJR肥薩線八代～吉松間運休中(2024年10月現在)。

> スタンプたくさんボーナス駅

南阿蘇鉄道

高森駅で10コのスタンプ発見!

立野〜高森駅間を結ぶ南阿蘇鉄道。この鉄道も全ての駅にスタンプが用意されており、10駅分が高森駅に集結。熊本地震で甚大な被害を受けたが、2023(令和5)年に全線運行再開した。

細かい絵柄なので慌てずゆっくり押そう

＊スタンプは全て2020年高森駅押印／常設。

見晴台(みはらしだい)

お宝度 ★★★

紅茶のCMで一躍脚光を浴びた同駅。ホームから阿蘇五岳が展望できる。

阿蘇五岳を背景に撮影できる

高森(たかもり)

お宝度 ★★★

ノコギリのような尾根をもち、阿蘇五岳のひとつである根子岳は高森町のランドマーク。

モデルはMT2000形。絵柄の風景は実際に見られる

中松(なかまつ)

お宝度 ★★★

まるで硬貨の様な絵柄は代表する2種の列車が鎮座。

ひと際目立つMT3010号

トロッコ列車ゆうすげ号

南阿蘇白川水源(みなみあそしらかわすいげん)

お宝度 ★★☆

枠から線路が飛び出しているデザインは、今にもトロッコ列車が飛び出しそうな立体感。

南阿蘇水の生まれる里白水高原　お宝度 ★★☆

元祖・長い駅名。一度は日本一に返り咲いたが、現在は嵐電の駅にその座を明け渡している。

阿蘇白川　お宝度 ★★☆

ビールのラベル風デザイン。白い教会風駅舎にはレトロな喫茶店もある。

撮影してみた。全く同じである

加勢　お宝度 ★★☆

威勢のいい駅名から応援の駅として注目。無人駅なので来訪の証であるスタンプがあるのはうれしい。

阿蘇下田城　お宝度 ★☆☆

温泉施設を併設していた駅。熊本地震の被害を受けた。

立野　お宝度 ★★☆

全長166.3m、高さ60mの第一白川橋梁は同鉄道の見所。

阿蘇の絶景スポット

長陽　お宝度 ★★★

1928年（昭和3）年開業時から残る木造駅舎は地震の被害もなく健在。週末にはカフェも営業。

貨車を改装した貴重なトロッコ

あとがき

いかがですか。駅スタンプの世界は。

日本で最初に駅スタンプを設置したのは、1931（昭和6）年の北陸本線福井駅とされています。当時の駅長さんが「記念になるものを」と、福井の名所である永平寺などを取り入れた絵柄を考えたそうです。来訪日が同時に印字される、今でいう郵便の消印の様なスタンプを製作し、旅客に旅の思い出として楽しんでもらったとのこと。いうなればこの駅長さんがいなければ、大袈裟なハナシ、今日の駅スタンプはなかったのではないでしょうか？

90年前、おもてなしの一個の駅スタンプから始まり、それが近隣駅に波及。結果、国鉄がそれに注目し、1970（昭和45）年の〝ディスカパ

"ディスカバー・ジャパンキャンペーン"で約1400駅に、1977(昭和52)年には「一枚のきっぷから」シリーズとして297駅に、さらに1980(昭和55)年、約740駅に「わたしの旅」スタンプ……と一気に拡大。そして国鉄からJRへ、駅スタンプはそれを踏襲しさらに増大。その影響は多大で、多くの私鉄や地下鉄までもオリジナル駅スタンプを設置するなど、その数は、現在ある日本の鉄道駅約9250駅の約半数を占めるのではないかといわれています。今となっては、もはや正確な数字が把握できない数に成長しました。

あらためて奥が深く、旅をする者にとって誰もが楽しめる、なくてはならないひとつの旅アイテムとなった駅スタンプは、その駅へ、その土地へ来た証だけでなく、その時の思い出をも綴るアルバムのようなものです。

さぁ、皆さんも、駅スタンプの旅、始めませんか？ いや、始めたくなったでしょう！

この本が、そのきっかけになれば、幸いです。

今回は厳選して500個ほどを紹介したが、まだまだ紹介したいスタンプもあり、また、この瞬間も消えてゆくモノあれば、新たに誕生したモノ、まだ出会えてないモノもあります。

さて、"押し旅" に出なければ！

坪内政美

「あとがき」上部のスタンプは、著者が幼少期に集めたものです。

Profile

坪内 政美
つぼうち まさみ

1974(昭和49)年香川県生まれ。スーツ姿で撮影するという奇妙なこだわりをもつ四国在住の鉄道カメラマン・ロケコーディネータ。『旅と鉄道』をはじめ、各種鉄道雑誌などで執筆活動する傍ら、地元四国を中心にテレビやラジオにも多数出演。四国の町おこしを狙った貸切列車「どつぼ列車」を運行させたり、駅スタンプの寄贈なども行っている。鉄道を追って全国を走り回るため、愛車の走行距離は111万km を超え、話題に。著書に、『鉄道珍百景』『もっと鉄道珍百景』『100万キロを走ったセドリック』(天夢人刊)、『ねこ駅長ぱすフォトブック』(エイ出版)がある。

― 参考文献 ―
『なつかしの国鉄　駅スタンプコレクション』(交通新聞社)

ブックデザイン
　　小林幸恵・川尻裕美（エルグ）

編集
　　近江秀佳

校閲
　　木村嘉男

本書は、株式会社天夢人が2021年3月23日に刊行した旅鉄BOOKS042
『駅スタンプの世界 押せば押すほど"どつぼ"にはまる』を再編集したものです。

旅鉄BOOKS PLUS 011
駅スタンプの世界
探して押して集めて眺めて

2024年11月20日　初版第1刷発行

著　者　　坪内政美
発行人　　山手章弘
発　行　　イカロス出版株式会社
　　　　　〒101-0051 東京都千代田区神田神保町1-105
　　　　　contact@ikaros.jp（内容に関するお問合せ）
　　　　　sales@ikaros.co.jp（乱丁・落丁、書店・取次様からのお問合せ）

印刷・製本　株式会社シナノパブリッシングプレス

乱丁・落丁はお取り替えいたします。
本書の無断転載・複写は、著作権上の例外を除き、著作権侵害となります。
定価はカバーに表示してあります。

© 2024 Masami Tsubouchi All rights reserved.
Printed in Japan
ISBN978-4-8022-1527-5